On marche sur la dette

CHRISTOPHE ALÉVÊQUE
VINCENT GLENN

On marche sur la dette

Vous allez enfin tout comprendre !

Éditions
de La Martinière

ISBN 978-2-7324-7178-5

Quel est le pays le plus endetté du monde ?

Les États-Unis d'Amérique.

Quelle est la seule super-puissance au monde ?

Les États-Unis d'Amérique.

Vous pouvez commencer
la lecture de ce livre en paix.

Introduction

C'est en assistant à un débat sur la dette que nous avons vu la lumière. Nous n'avions absolument et, intégralement, rien compris, et soudain un sentiment irrépressible nous a assaillis : nous étions soit des crétins finis, soit des ignares. Lors de ce débat, nous n'avons osé poser qu'une seule question : y a-t-il un pot après ? Oui, il fallait noyer notre bêtise dans l'alcool.

Après plusieurs verres et juste avant d'essayer d'étrangler un des intervenants, nous sommes arrivés à cette conclusion évidente : un complot international s'était tramé contre nous et cela expliquait enfin pourquoi, nous aussi, nous étions à découvert !

Une nuit au poste plus tard, conscients des conneries qu'avait engendrées notre bêtise, nous avons décidé de persévérer et de regarder un documentaire sur l'économie mondiale. Sans rien boire, pour trouver les traces cachées de la machination.

Au bout d'un quart d'heure, nous étions momifiés devant le téléviseur, en état de sidération catatonique. Après avoir repris nos esprits, nous avons décidé, d'un commun accord, que c'était de leur faute. Ils faisaient tout pour qu'on n'entrave que dalle !

En représailles, nous avons conclu que la meilleure vengeance était de cambrioler une banque. Malheureusement, quand nous sommes arrivés sur place avec nos cagoules, nous avons découvert qu'elle était fermée en plein samedi après-midi.

Ils savaient que nous allions venir.

C'est à ce moment précis, devant notre impuissance stratégique, que nous avons conclu qu'il était vain de lutter frontalement contre un tel monstre. Il fallait ruser, l'attaquer de l'intérieur, jouer les vers dans la pomme. Nous avons donc décidé d'arrêter définitivement d'être cons et de devenir des économistes.

Voilà l'histoire ce livre.

Ô, nous ne cherchons pas une reconnaissance internationale, que pourtant nous méritons. Car nous pouvons vous l'affirmer : si nous avons réussi à comprendre le mécanisme de la dette, vous aussi vous pourrez. Plus jamais vous ne permettrez à un expert de vous dire : « On s'occupe de tout, allez jouer dans le bac à sable. »

Alors comment ?

Nous avons beaucoup lu, beaucoup vu, beaucoup entendu. L'argent va plus vite que la pensée, alors nous avons pris notre temps. Nous avons mixé le tout pour obtenir une synthèse. Non, ne nous dites pas merci, si nous avons fait cela, c'est simplement pour l'avenir de l'humanité. Attention, nous ne sommes pas les rois des chiffres, d'autant moins qu'ils changent tout le temps. Mais la mécanique, elle, reste la même.

Autant vous le répéter, si vous l'avez oublié, la dette publique française se monte à 2 000 milliards d'euros ! La vache ! 200 millions, ça paraît déjà irréel, alors 2 000 milliards !

Ça fait beaucoup de zéros.

2 000 milliards, cela représente, si l'on empile des billets de 100 euros, l'Arc de triomphe. Cela n'a pas beaucoup d'intérêt mais donne tout de même une idée. Quant aux intérêts, nous en parlerons après.

Le côté pratique, c'est que 2 000 est un chiffre rond. Trop rond peut-être.

Dans les magasins, 2 000 c'est beaucoup ; 1 990, ça paraît beaucoup moins cher. 2 000, ça fait peur.

C'est angoissant parce qu'on les doit.

Mais à qui ?

On les doit depuis combien de temps, ces 2 000 milliards d'euros ?

C'est nos enfants qui vont payer ?

Beaucoup de questions sans réponses, ce qui ajoute de l'inquiétude à l'angoisse.

Rassurez-vous, nous sommes arrivés à renverser le processus, en nous en prenant à notre peur elle-même. Tels des super-héros, nous allons éclairer le long tunnel de nos méconnaissances.

Une seule certitude de départ en tout cas, c'est la crise.

C'est la crise ? Voyons ça de plus près…

1

Sommes-nous en CRISE ? Et qu'est-ce qu'une crise ?

Êtes-vous pour ou contre la crise ? Cette question doit vous sembler totalement saugrenue. Évidemment qu'on ne peut pas être pour une crise ! C'est sûr et certain. Eh bien, toutes les certitudes sont faites pour être bousculées. À la fin de ce chapitre, vous aurez peut-être changé d'avis. Dingue, non ?

Crise ! Voilà bien un terme, entendu, seriné et rabâché, dans les médias, les bars, au bureau, en famille, devant la machine à café de l'entreprise et à l'Assemblée nationale. Voilà bien le mot le plus employé de ces dernières années, après sexe qui reste largement en tête et c'est tant mieux.

On nous l'a dit et répété : « Nous sommes en crise. » C'est un fait acquis par tout le monde, quelle que soit son orientation politique ou sexuelle. C'est un constat terrible, c'est le constat de départ. Si l'on veut comprendre la suite, il faut partir de cet *a priori* : c'est la crise.

Et pourtant, ce n'est pas exactement le mot qui convient. Pourquoi ?

Comme nous l'explique Susan George, le mot « crise », en bon grec, c'est le moment de décision, le point où soit l'on meurt, soit l'on reprend vie.

C'est le moment où une décision cruciale est prise. Dans tous les cas, cela ne dure pas des années.

Donc, première bonne nouvelle de ce livre, dès les premières pages, nous ne sommes déjà plus en crise ! Mais… dans un état permanent de crise qui s'appelle crise. Cela peut paraître tiré par les cheveux, mais il est nécessaire d'être précis pour essayer de décrypter et de sortir des confusions actuelles. Si l'on suit cet incontournable raisonnement, « état permanent de crise » signifie donc qu'aucune décision réelle et conséquente n'a encore été prise et que nous sommes entre la vie et la mort en permanence. C'est fatigant.

Donc, si l'on pousse le raisonnement plus avant, on peut affirmer que, si une décision sérieuse et néanmoins conséquente était prise, nous ne serions plus en crise.

On avance.

Or, qu'a-t-on fait depuis le début de cette crise ? Enfin depuis le drame de 2008 ? Joseph Stiglitz, prix Nobel d'économie, l'a résumé en une phrase devenue légendaire : « On s'est contenté de déplacer les fauteuils sur le pont du *Titanic.* » Voilà qui n'est pas très réjouissant mais, à leur décharge, les économistes ne sont pas de grands boute-en-train. Il suffirait qu'une décision soit prise pour que l'on sorte de cet état.

Dans le meilleur des cas : la bonne. C'est-à-dire une décision qui fait le ménage.

Mais comment prendre la bonne décision quand les politiques, les experts en expertise, les spécialistes en spécialisation, ne sont pas d'accord entre eux ? En nous emparant du problème et en essayant de comprendre les mécanismes. Ensuite, la majorité tranchera. On appelle ça la démocratie. S'ils tranchent sans nous, peut-on encore parler de démocratie ? Ils vont manger la baguette et nous nous retrouverons avec les miettes. Et ce sera notre faute. Nul n'est censé ignorer la loi, dit-on. Nul ne devrait ignorer les lois de l'économie. Pas simple, mais faisable.

Au boulot !

Maintenant, comment pourrait-on définir cette crise ? Elle est avant tout économique. C'est un dysfonctionnement, une forte dégradation de la situation générale. On peut la caractériser par la surproduction, la dépression, le chômage… Et pan, dans les dents !

On peut également employer d'autres mots comme « ralentissement », ou « récession ». Généralement, il y a des baisses de salaires (quand on en reçoit un), une multiplication des faillites, des tensions sociales, des répercussions sanitaires sur les populations (demandez aux Grecs).

Bref, une crise est un événement pénible qui surgit au moment où on aurait dû s'y attendre.

Pourtant nous avons tous entendu, avant de parler de crise, des mots avant-coureurs pour nous mettre sur la piste. On a évoqué une « stagnation », avant de déplorer un « passage à vide », puis un « ralentissement très fort », enfin, ayant épuisé le vocabulaire, on parle de « récession ».

Vous ne pourrez pas dire qu'on ne vous avait pas prévenus.

En économie capitaliste, une crise ça peut être un effondrement des cours boursiers. Eh bien, nous avons eu droit aux différentes formes de crise ces dernières années, à tour de rôle ou en même temps. Nous sommes gâtés, nous aurons plein de choses à raconter à nos enfants et nos petits-enfants.

Mais pas de panique, restons optimistes ! Une crise marque aussi la fin d'un cycle. Nous vous l'accordons : concernant la nôtre, c'est long. Une crise, c'est une page qui se tourne, un nouveau système qui naît, une réorganisation sociale, des réformes qui pleuvent sous le soleil du progrès et de la modernité.

Donc sans crise, pas de changement, réjouissons-nous !

Avons-nous tiré toutes les leçons des crises passées ?

Pour rester positifs, disons : pas toutes. Dans une société où l'argent est roi, ne soyons pas surpris d'être ses laquais. Qui a laissé l'argent s'installer sur le trône dans nos démocraties ? Nous. Pourtant le Dollar et l'Euro n'ont jamais été élus. À nous de faire en sorte que le suffrage universel reprenne ses droits. Soyons clair, loin de nous l'idée de diaboliser l'argent. Comme le disait Mémé Guérini : « L'argent ne fait pas le bonheur, mais ça rend moins nerveux. »

Mais quand il occupe toute la place, il est difficile de dormir sereinement dans le lit social.

Oui, un peu de poésie ne fait jamais de mal.

Réjouissons-nous donc ! Nous pouvons espérer de grands, d'énormes changements, une métamorphose du système, un bouleversement dans le cours de l'histoire.

Pourquoi d'aussi grands mots, nous direz-vous ?

Parce que la crise que nous vivons n'est pas qu'économique, elle est aussi sociale, écologique, alimentaire, idéologique, systémique, de foi, de sens, de valeurs, démocratique, ce qui finit par atteindre le moral, elle est donc aussi morale.

Ce n'est pas terminé !

Si elle atteint le moral, elle ébranle aussi la morale, pas celle des grands livres religieux, mais celle qui nous permet de vivre ensemble sans s'étriper. Mais est-il possible de parler de morale à bord du vaisseau économie ? Existe-t-il un bien et un mal en économie ? N'est-il pas aussi vain de moraliser l'économie libérale que d'humaniser la peine de mort ?

Un petit voyage dans le passé pourra nous

éclairer. Comme pour la création du monde, revenons à la genèse.

En 1776, le philosophe Adam Smith publie un livre, *Richesse des nations*, qui deviendra une bible, et invente une expression promise à la postérité : « la main invisible du marché ».

En résumé, il invente littéralement l'économie en tant que discipline autonome qui comporte ses propres règles, comme une science comporte les siennes. Ce n'est pas fini, suivez le guide.

Avant lui, Newton, que tout le monde connaît, sinon on marcherait sur la Terre comme sur la Lune, bref, le père Newton, qui a fondé la mécanique classique le jour où une pomme lui est tombée sur la tête et lui a révélé la loi de la gravitation universelle, estime que le monde est une horlogerie créée par Dieu.

Mais qu'est-ce que Dieu vient faire dans cette crise, nous direz-vous ?

On y arrive.

Une fois que Dieu a créé l'univers, immense horlogerie vouée au bénéfice de l'humanité bien sûr, Dieu ne s'en occupe plus. Et ça, tout le monde s'en est rendu compte. Cette machinerie universelle est donc censée fonctionner toute seule. C'est Isaac Newton qui le dit et c'est un génie. Comme il est beaucoup plus intelligent que nous, il a notre assentiment.

Maintenant, quel rapport avec Adam Smith, qui lui aussi avait oublié d'être con ? Il fait une sorte de copier-coller de la pensée de Newton, mais version économique, où Dieu est remplacé par… la divine providence. Vous saisissez le tour de magie ? L'économie est une grande machinerie au service de l'humanité dirigée par la main de la divine providence (qu'il nous arrive de prendre dans la gueule de temps en temps, il faut bien l'admettre).

En gros, comme on dit dans le commerce, cette divine providence est un truc mystique qui nous amène doucement mais sûrement à croire que, si chacun travaille pour son propre intérêt bassement égoïste, il concourt également à la richesse de tous.

Maintenant, quel rapport avec la morale ?

À partir de ce mythe, si l'on poursuit le raisonnement d'Adam (Smith, pas le mec d'Ève), comme l'économie fonctionne toute seule, plus elle est séparée de la politique et de la morale, plus elle est efficace. Donc, moins l'État s'en mêle, mieux l'économie se porte. Moins l'État s'en mêle, plus il y a d'échanges ; plus il y a d'échanges, plus tout le monde y trouve son intérêt ; plus tout le monde y trouve son intérêt, plus la richesse commune prospère. Youp la boum !

C'est pas beau tout ça ? Comme le sourire d'un requin affamé qui propose une danse nuptiale à une daurade. Le plus étonnant, ce n'est pas le nombre de responsables qui donnent encore l'impression d'y croire dur comme fer, mais surtout que nous soyons encore si nombreux à les écouter.

Moralité : à partir d'Adam Smith, l'économie devient une science dont les règles propres n'ont plus rien à voir avec la morale.

Si l'on suit cette implacable logique, on comprend mieux certains événements qui peuvent paraître assez étranges.

Par exemple, quand un État vend des armes à un autre État pour le moins instable politiquement.

Sur un plan strictement comptable, l'économie est satisfaite. L'argent est rentré, le solde est positif, peu importe si un jour ces mêmes armes frappent ceux qui les ont vendues ou éventuellement tuent quelques enfants.

Autre exemple, un syndicat qui s'oppose

vigoureusement, au nom de l'emploi, à la fermeture d'une usine hautement polluante.

D'un point de vue économique, le raisonnement est impeccable, en termes d'environnement, moins.

Encore un ? Une multinationale qui licencie alors qu'elle fait des bénéfices. Sur le plan comptable, vouloir faire le bonheur de ses actionnaires en accroissant leur profit est inattaquable.

C'est compréhensible à défaut d'être moral.

Les dirigeants de cette même multinationale nous expliqueront ensuite que, de toute façon, pour créer de l'emploi, il faut licencier. Essayez à votre tour de bannir de votre raisonnement toute dimension morale, d'oublier tout ce qui est humain, fait de chair et d'os, et vous allez finir par vous convaincre que vous pouvez vendre votre mère. On peut parvenir facilement à des vérités qui simplifient la vie.

L'économie peut-elle réellement fonctionner sans morale ? Et sans moral ? Comme disaient nos grands-mères : « Quand on n'a pas le moral… »

Moral, santé, bonheur, confiance sont autant de phénomènes profondément humains qui échappent pleinement à l'économie, cette science qui n'en est peut-être pas une... ou alors la science de l'impalpable sur laquelle personne n'a de prise, à part ceux qui palpent.

Voilà bien une réflexion qui montre combien nous-mêmes sommes en pleine dépression et n'avons plus le moral. Une sinistrose dans laquelle nous nous trouvons après avoir écouté les actualités plus d'une fois et les promesses gouvernementales au moins une fois.

Donc sans moral, pas de morale ? Pas du tout ! Constater que tout va mal, ce n'est pas l'accepter et sûrement pas se résigner. Nuance...

Certes, l'information en général ne nous aide pas beaucoup à entrevoir un avenir radieux. Pourtant « information » vient d'une expression latine (*informare*) qui veut dire « mettre en forme ».

C'est pourquoi, de notre côté, nous avons choisi des informations qui mettent en forme ! Plus nous rédigions ce livre, plus nous cherchions, plus nous avions cette certitude chevillée au corps : ça ira mieux demain.

Parce que c'est humain.

Alors, vous l'aimez, cette crise ?

2

Mais qu'est-ce qu'une dette ?

Si l'on en croit la définition du dictionnaire, c'est une somme due à une personne, à une organisation.

C'est aussi une obligation morale :

– J'ai une dette morale envers Gérard, il m'a aidé quand j'étais dans la mouise.

Dans ce dernier cas, elle est très difficile à quantifier, tout dépend de la valeur que vous accordez au geste de ce fameux Gérard. Ces valeurs-là ne sont pas cotées et, en général, elles sont revues à la baisse le temps passant. Sur le coup Gérard est un héros, quelques mois plus tard c'est un boulet à qui vous devez un « coup de main » et qui ne manquera pas de vous le rappeler.

Mais l'amitié est une valeur humaine fondamentale.

Une vie sans amis, c'est comme un copain sans pognon.

Autres dettes : vous avez commis une faute punie par la loi, vous allez devoir « payer votre dette à la société ».

Par exemple, vous avez tenté de cambrioler une banque, mais c'est interdit par la loi, vous devrez passer au tribunal. Vous allez vous défendre en posant cette question au juge :

– Qu'est-ce qui est le plus moral, créer une banque ou la voler ?

Il sera incapable de répondre, mais vous irez tout de même en prison où vous « purgerez votre peine », vous paierez votre dette par une période de privation de liberté, ce qui est au fond une forme de troc.

Attention, il existe bien des dettes ! On peut être en dette chez l'épicier, au bar, avoir une ardoise, une dette à la banque, une dette d'honneur, une dette de jeu, une dette de sang… Quoi qu'il en soit, toutes ces dettes sont en général comme des chaînes aux pieds qui font le bonheur de ceux qui vous les ont passées.

Dans cet ouvrage de vulgarisation, non pas dans ce vulgaire ouvrage ou cet ouvrage vulgaire, notre sujet d'étude est la dette publique. Que l'on appelle également « dette souveraine ».

Et pourquoi « souveraine » ? Pourquoi ? Certainement parce qu'elle n'a jamais été élue.

Cette dette publique, c'est la dette de l'État. Nous sommes l'État, donc c'est notre dette. Que vous soyez d'accord ou pas, on ne vous pose pas la question, on vous donne une réponse.

Cette dette publique n'a rien à voir avec une dette personnelle.

Dans un bar, imaginons que vous ayez une ardoise :

– Tiens Roger, remets ça, j'ai pas d'argent, t'as qu'à noter.

Vous avez au moins eu le plaisir de boire quelque chose que vous n'avez pas encore payé.

Avec la dette publique, vous n'avez encore rien bu, mais vous trinquez déjà.

Elle n'a rien à voir non plus avec la dette des ménages, pour ceux qui auraient l'idée saugrenue de se marier et de s'endetter ensuite à cause des enfants ou d'autres choses qui ne servent à rien non plus. Pourtant, cette dette publique doit être quand même payée par les ménages, encore une double peine.

Bon, mais la dette publique, c'est quoi alors ?

Souvent, on entend :

– Il ne faut pas vivre au-dessus de ses moyens.

Sentence pleine de bon sens mais uniquement en ce qui concerne nos petites affaires de famille.

Pour la dette souveraine, la réalité est très différente, on peut même vous certifier que la dette publique est aujourd'hui un phénomène tout ce qu'il y a de plus normal et même banal, ou, plus exactement, logique (à défaut d'être idéal).

Tous les États sont toujours endettés en permanence parce qu'ils empruntent pour investir dans la santé, l'éducation, la recherche, dans des projets qui vont produire de la richesse.

Imaginez un État qui n'a pas d'argent pour ses caisses, et dont le président déciderait de ne pas emprunter. Voilà un État qui ne pourrait plus soigner ou éduquer ses enfants, tu parles d'un bon père de famille !

Il est vrai que dans certaines périodes (comme en France, les années 1950 et 1960), l'État pouvait financer ses investissements sans s'endetter, sur la base de ses recettes, mais, qu'on le regrette ou non, cette époque semble révolue…

Pour l'instant.

Quand nous écrivons qu'aujour les États sont endettés, ce n'est p fait exact : l'Estonie par exemple, 1, d'habitants. C'est le pays du possible. S tants sont-ils plus heureux. Est-ce un pa plus influent que les autres ? L'Eldorado des investisseurs ?

En revanche, les États-Unis sont endettés depuis la crise de 1837, date à laquelle ils ont commencé à exister aux yeux du monde.

Si l'on parcourt l'histoire des dettes publiques, c'est hier. À cet égard, savez-vous que la première dette dont on garde une trace remonte à un temps tellement ancien que la monnaie n'existait pas encore. Oui, vous avez bien lu, les dettes ont précédé l'apparition de la monnaie.

Et le monde existe encore… Alors, dédramatisons !

Justement, à quand remontent les premières dettes ?

3

Sur la trace des premières dettes

Elles remonteraient au moins à 3 500 avant J.-C. En Égypte… Vous nous direz : on s'en fout. Vous avez tort, c'est très instructif.

Flash-back…

Dès le plus jeune âge, on nous apprend que, au commencement, était le troc, l'échange entre quasi-primates vivant de chasse, de pêche, de nature et de sexe débridé. Évidence que nous digérons et assimilons aisément.

Puis, croyait-on savoir, vint la monnaie.

Enfin, se développèrent le crédit, les prêts, les remboursements qui vont bien avec, l'économie sophistiquée des banques, la société de consommation… pour le meilleur et pour le pire.

OK ?

Eh bien, figurez-vous que des anthropologues ont littéralement démonté ce raisonnement que nous avions si facilement ingurgité. Le crédit a existé avant la monnaie !

Les plus anciennes traces d'écritures – en Égypte donc, 3 500 avant J.-C. – prouvent que les gens se faisaient déjà crédit : machin devait tant de denrées à bidule.

Ainsi, il y avait déjà des prêteurs et des endettés, des riches et des pauvres, des dominants et des dominés, des maîtres et des esclaves.

C'est ensuite que la monnaie est apparue, sous des formes extraordinairement diverses : des barres de laiton, des têtes de bétail, des coquillages, des dents d'animaux… Les premières traces de ces monnaies remontent à Sumer, 2 600 avant J.-C. (les premières pièces n'apparaissent, elles, qu'au VIe siècle avant J.-C.).

Enfin, dans les sociétés où existait une monnaie, ceux qui n'en avaient pas beaucoup, voire pas du tout, se sont mis à troquer des trucs contre d'autres trucs et des services contre d'autres services.

Tiens, ça revient à la mode ?

Mais restons dans le passé, où quelquefois l'on faisait preuve d'imagination pour régler une situation déficitaire.

Depuis l'Antiquité, et pendant longtemps, le problème de la dette a souvent été plus simple. Par exemple, pour effacer sa dette, on butait le comptable. Nous sommes contre toute forme de violence, mais ce serait éventuellement une des solutions possibles à notre époque… Nous avons des noms.

Des histoires de dettes ô combien fondatrices et enrichissantes, nous en avons trouvé un paquet, en voici quelques-unes.

Nous sommes en Grèce, au VIe siècle avant J.-C. À cette époque, l'esclavage est, si l'on peut dire, monnaie courante. Si tu as contracté une dette que tu ne peux pas rembourser, tu peux t'en acquitter contre un ou plusieurs esclaves (un membre de ta famille, par exemple). Ou toi-même tu peux devenir esclave.

La dette, vécue comme un fardeau par une partie de la population – pas celle des privilégiés évidemment –, va conduire à des mouvements sociaux qui vont faire basculer l'ordre politique, pour aller vers plus de démocratie. Pour rétablir la paix sociale à Athènes, un certain Solon décide d'abolir les dettes des paysans avec un procédé proprement révolutionnaire, la *sisachtie*, c'est-à-dire « le soulagement d'un fardeau ». Elle est pas belle, la vie ?

La dette, ce n'est pas que du négatif. En réalité, tous les grands moments de transformation politique sont nés d'une manière ou d'une autre de crises de dettes.

Un autre exemple ?

La République française elle-même, notre République s'enracine dans ces mêmes crises, qui ont fini par exploser et faire exploser la royauté.

Tout commence sous Louis XVI. Le royaume de France croule sous les dettes, ce qui va pousser le roi à augmenter les impôts. Pourquoi la couronne est-elle si endettée ? Parce que nous aidons les Américains à conquérir leur indépendance. L'aide française navale et terrestre permit la victoire américaine et se conclut par le prestigieux traité de Paris. Donc, côté gloriole française, c'est le top, mais côté finances, c'est le flop. Nous sommes en 1783… Le roi Louis XVI, tout fiérot, ne voit rien venir. Pourtant, consacrer 80 % de son budget à rembourser la dette, sans compter le train de vie de la cour à côté duquel nos « bling-bling » sont des petits snobs sans raffinement, cela commence à mettre en colère beaucoup de monde. En particulier les plus nombreux : les pauvres. Qui n'ont pas forcément compris le pourquoi et le comment, mais parfaitement saisi le combien. En 1788, le pays est au bord de la banqueroute, la prise de la Bastille ne tardera plus.

Conclusion : vous avez bien compris que les dettes existent depuis très longtemps. Qu'on n'en meurt pas toujours, qu'elles n'ont pas généré que des catastrophes, mais parfois des régimes démocratiques, ou du moins plus qu'avant.

Ouf !

Tous les espoirs sont permis. L'argent n'est pas le diable, la monnaie n'est pas que du laid.

Justement, la monnaie, c'est quoi donc ?

4

La monnaie par le menu

Dupont : « Il n'y a pas de circulation de monnaie sans dette. »

Dupond : « Je dirais même plus, la monnaie c'est de la dette. »

Étrange, mais pourtant Dupont et Dupond ont raison, vous allez piger.

Tout d'abord, à quoi sert la monnaie ? À part pouvoir aller manger un civet de lapin « Au coq hardi », ou laisser un pourboire au sympathique serveur qui, puisqu'il est sympathique, ne travaille donc pas dans une brasserie parisienne.

Selon Aristote, qui fait toujours référence, la monnaie a trois fonctions. C'est une « unité de compte ». Ne vous affolez pas, c'est enfantin.

Combien vaut ce pull ? Si la monnaie s'appelle l'euro, ce pull vaut 25 euros. L'euro pour payer est l'équivalent du kilo pour peser, c'est l'unité de compte. N'essayez pas de payer en kilos, ça ne marche pas.

C'est aussi une « réserve de valeur ». Ne lâchez pas le livre, même un ado peut entraver.

Par exemple :

« Je suis agriculteur, j'ai 500 tomates, et si je ne trouve pas un acheteur tout de suite ou quelqu'un prêt à les échanger (contre 5 litres de gnôle, par exemple), mes tomates vont pourrir, donc elles ne vaudront plus rien très rapidement. Par contre, si on me les achète, grâce à cette monnaie je vais pouvoir acheter autre chose, c'est donc bien « une réserve de valeur ».

D'où l'expression « mettre de l'argent de côté », ce que font, non pas les gens intelligents, mais ceux qui peuvent.

Enfin c'est un « facilitateur d'échange ». Ne sombrez pas dans l'angoisse, même un littéraire peut saisir. Emboîtez-nous le pas.

Mon métier, c'est de fabriquer des lunettes. Je suis accroc à la cigarette, j'ai un besoin pressant d'avoir du tabac. Si je veux du tabac et que je n'ai pas de monnaie, je dois prendre un paquet de lunettes et l'échanger chez le buraliste contre des paquets de cigarettes. Il a une très bonne vue, ça tombe mal. L'échange est vite réduit à néant. Sortez un billet de 50 euros et hop ! L'échange est facilité, le cancer aussi, mais c'est une autre histoire. Vous avez bien dans votre poche un « facilitateur d'échange ».

Tout ceci prouve deux choses.

D'abord que derrière des formules rébarbatives et compliquées se cachent des explications très simples.

Ensuite, que la monnaie, avec ces trois fonctions très utiles qui répondent à des besoins, devrait être un outil. Elle est en quelque sorte un instrument d'intérêt public. Sauf que, dans la réalité, la monnaie a fini par être créée essentiellement par les banques privées. Comment cela se peut-il ?

Ouvrons ce paragraphe par cette citation extraite d'un document de la Banque de France en 1971 : « Les particuliers ont du mal à comprendre que les banques aient le pouvoir de créer de la monnaie. Pour eux, une banque, c'est un endroit où ils déposent de l'argent en compte et c'est ce dépôt qui permettrait à la banque de consentir un crédit à un autre client. Les dépôts permettraient les crédits. Or cette vue n'est pas conforme à la réalité, car ce sont les crédits qui font les dépôts. »

Alors ça, on comprend que ça vous en bouche un coin, nous-mêmes avons eu du mal au début : le crédit fait le dépôt… !

Cela veut dire que la somme que prêtent les banques ne correspond absolument pas à ce que les clients ont déposé sur leur compte. Mais que c'est en accordant un prêt que la banque peut *créer de la monnaie*, grâce à une mécanique sophistiquée qui lui permet ce tour de magie.

Pas encore assez clair ? Bon, c'est sûr, c'est tordu…

Essayons donc de regarder au ralenti ce qui se passe quand, par exemple, vous allez à la banque pour lui emprunter 40 000 euros. Le banquier va s'assurer que vous êtes solvable. À ce moment-là, ne dites pas que vous avez un cousin grec, sauf s'il est armateur.

Vous connaissez la chanson : le contrat, l'hypothèque, la garantie, vos obligations, vos devoirs, vos responsabilités, vos contraintes et… vos intérêts, mais uniquement à payer.

Arrive le moment de la signature. À la fin de la dernière lettre de votre nom, le banquier appuie sur la touche « enter » de son ordinateur et aussitôt… les 40 000 euros apparaissent.

Avant le clic ils n'existaient pas, après le clic ils sont sur votre compte, c'est magique. Votre banque vient de créer de la monnaie.

L'élément le plus concret de cette histoire, c'est que vous allez bosser des années pour rembourser cette dette.

Crédit, de *credere*, croire. Si vous pouvez démontrer à votre banque que vous êtes crédible, si elle a confiance en vous et en l'avenir, vous pouvez emprunter et, grâce à vous, elle va créer de la monnaie.

La banque a parfois confiance en vous, mais pouvez-vous avoir confiance en elle ?

Les banques ont le droit de prêter dix fois ce qu'elles ont réellement en réserve, le « palpable » comme dirait Audiard. Vous voyez le problème ? Théoriquement, ce que vous avez sur votre compte, vous pouvez le transformer en billets, sauf que…

Si tout le monde va retirer son fric au même moment, il n'y en aura pas assez pour tout le monde.

Pourquoi ? Parce qu'il y a beaucoup moins de billets en circulation que d'argent sur les comptes.

Pourquoi ? Parce qu'on a autorisé les banques à prêter beaucoup plus que ce qu'elles ont en dépôt.

Pourquoi ? Parce que c'est comme ça ! Demandez à votre banquier, il n'est pas obligé de vous répondre.

Alors, tout cet argent qui circule dans le monde, c'est quoi ? Où est le virtuel, où est le réel ?

La masse monétaire totale est composée... de plusieurs masses. Pourquoi faire simple quand on peut faire compliqué, c'est la règle numéro un dans la finance. Tentons une approche.

La première masse, c'est la monnaie normale, les pièces, les billets avec lesquels jouait Picsou. On l'appelle « monnaie fiduciaire », du latin *fiducia* : confiance.

Si ce n'est pas une provocation, ça y ressemble, ou alors ces gens sont des poètes.

Ajoutez à cela la « monnaie scripturale » (de *scriptura*, « écriture »), qui veut dire simplement qu'elle est « inscrite » sur un compte sous forme de dépôt.

Par exemple :

– Bonjour Monsieur, je viens déposer 30 000 euros sur mon compte.

– Pas de problème. Le séjour se passe bien ?
– Très bien, j'adore Genève.

Ou alors, si vous avez suivi, c'est peut-être aussi ce fameux « clic » qui vous a permis d'avoir des sous sur votre compte.

À noter que la monnaie « normale » ne représente que 15 % de cette masse, ce qui veut dire que 85 % est « scripturale ». Autrement dit, une monnaie dans laquelle on peut déjà avoir moins confiance que celle qu'on peut palper, mais qu'on est censé pouvoir retirer à tout moment au guichet de la banque.

Ce n'est pas fini. Ça, c'est de la rigolade.

La deuxième masse, ce sont les comptes sur livret et tout ce qu'on appelle du nom délicat de « dépôts inférieurs à deux ans » En langage décodé, cela signifie : « Tu places ton fric chez nous, tu ne le touches pas pendant un moment et, nous, on investit ton blé en ne prenant presque pas de risque, juste ce qu'il faut pour te payer des intérêts et prendre un pourboire au passage. »

Donc, globalement, tout le pognon que vous avez placé sur ce que vous voulez, c'est vous qui voyez : Livret A, Codevi, Livret Jeune,

Compte épargne logement… Et plein d'autres trucs moins connus et proposés comme presque entièrement sûrs.

Vous l'avez déposé, donc il existe. Et l'on vous garantit qu'à moins d'un tremblement de terre de niveau 10 sur l'échelle de Richter ou d'une déflagration qui réduirait la Banque de France en mâchefer, vous devriez récupérer votre argent avec un petit intérêt. Le fameux placement du « bon père de famille ».

Le pire est à venir, accrochez-vous au pinceau, on arrache l'échelle.

La troisième masse, toujours constituée de vos dépôts, est comme un terrain de jeux d'argent, un super-casino où, plus tu mises, plus tu peux gagner, et… l'inverse.

Elle regroupe les placements bloqués plus de deux ans et une foule de joujoux financiers pour grands enfants comme, par exemple, les OPCVM (Organismes de placements collectifs en valeurs mobilières).

Là, le banquier lui-même vous expliquera que ce n'est pas trop risqué, mais avec le ton de celui qui pense : « Si ça merde, faudra pas venir râler. »

Et quand il commence à vous dire : « J'ai un bon plan, super-rémunérateur-pas-trop-risqué, mais vous devez bloquer votre dépôt pendant cinq ans et me laisser placer le tout comme je le sens. », nous, personnellement, ne répondons plus de rien.

Cette « masse monétaire » est aussi fiable qu'une pilule du lendemain prise la veille.

En résumé, tout cela commence à ressembler à un magma totalement impalpable.

Dans lequel une chienne n'arriverait pas à retrouver ses petits et un banquier ses enfants. De la monnaie qui disparaît pour devenir un pur pari sur un crédit, qui peut lui-même finir par ne plus être crédible du tout. Des produits dérivés, des flux financiers qui circulent à la vitesse de la lumière, en toute rapacité mais légalité, grâce à l'économie « libérée » (comme Paris en 1944) et aux instincts prédateurs des traders et autres vendeurs de miracles.

Magma qui est le terrain de jeu de la spéculation par excellence. C'est par exemple l'argent que vous avez placé dans une banque, qui l'investit dans un fonds, qui a racheté une assurance, qui a misé dans l'immobilier, assurance rachetée par un autre fonds qui est en train de faire faillite et qui va en revendre une partie et réinvestir dans une banque qui, elle-même, vient d'embaucher Jérôme Kerviel, etc.

Ce magma de transactions et de spéculations n'est compréhensible que par les ultra-initiés, qui ne sont pas d'accord entre eux sur les chiffres. Nous doutons fortement qu'ils y comprennent encore quelque chose, à part une petite poignée de petits malins animés de grandes stratégies qui, parfois, conduisent à des grands scandales.

Rationnellement, c'est un problème.

Conclusion.

Cette masse monétaire totale, c'est très très peu de palpable et beaucoup d'impalpable. Le déséquilibre est énorme, l'impalpable est omniprésent, omnipotent, il ne faut plus être un citoyen ou un client, mais un croyant fervent.

C'est le grand écart entre l'économie réelle et l'économie spéculative, donc virtuelle.

Les transactions financières étaient, en 2007, 73 fois plus importantes que l'économie réelle. Notre petit doigt nous dit que, quand 97 % des échanges financiers sont « de l'argent qui achète de l'argent », sans aucune connexion avec l'économie réelle, quelque chose d'un peu dangereux se passe…

De l'argent qui achète de l'argent !

Un jeu dans le jeu.

Même au casino les joueurs n'ont pas le droit de parier sur les autres joueurs. Dans la finance, oui.

Résultat des courses. À cause de ce magma impalpable et vu que personne de compétent n'est capable de nous donner des explications claires, la méfiance est de rigueur, la suspicion se réveille, la crainte grandit, les théories du complot se multiplient, les machinations infernales fleurissent. Les Illuminati dirigent le monde depuis le dernier étage d'une tour, quelque part dans un endroit secret. C'est le lobby juif, les francs-maçons avec leurs réseaux, les Arabes avec leur pétrole, la banque du Vatican et ses secrets, l'étranger, l'autre… en gros, tout ce qui n'est pas moi.

Rassurez-vous, le complot n'existe pas. Il a été inventé par des gens qui rêvent de comploter.

Au lieu de créer des richesses collectives, ce système fait de bulles, de gaz et de fusions, crée de la défiance. Il existe, comme dirait le funambule, une sorte de déséquilibre entre le réel et le virtuel. Et un certain laisser-faire des autorités qui ont abandonné le volant à un conducteur ivre, comme le bateau.

Naïvement, on pourrait se poser cette question : un contrôle démocratique de la monnaie ne serait-il pas envisageable ? Mais nous ne voudrions pas apparaître comme de vilains passéistes.

Un cas de figure bien réel pour bien comprendre.

Que s'est-il passé en 2008, année de crise financière ?

À force d'embrouilles de haute volée, les banques ont fini par provoquer des faillites en chaîne : je ne peux pas te rembourser, tu ne peux plus le rembourser, il ne peut plus nous rembourser, etc. Branle-bas de combat à bord du bateau ivre. Pour juguler le mouvement de panique et de faillites mondiales, les États ont apporté des milliers de milliards aux banques afin que celles-ci puissent faire face.

Par contre, au lieu d'en profiter pour faire de la monnaie un bien public, nous avons épongé et laissé les mêmes dirigeants, banquiers et politiques en place, sans contrôle.

Notre dette dans tout cela ?

Cherchez l'erreur dans l'énoncé suivant : la dette, c'est pas bien, mais le pognon c'est bien.

Pourtant, s'il y a de la monnaie en circulation, c'est bien parce que quelqu'un, vous, nous, eux, quelque part, à un moment, a fait un emprunt à la banque. Il ne peut y avoir de monnaie s'il n'y a pas de dette.

Tout l'argent qui est en circulation correspond à une dette. Donc si l'on considère que la dette se situe du côté du mal, comment se fait-il que la monnaie soit de l'autre côté ?

Le tout étant une question d'équilibre, donc peut-être, une fois de plus, de garde-fous.

Mais n'allons pas trop vite. À ce stade, on peut quand même voir que ni la dette ni la monnaie ne sont nécessairement malsaines. Bonne nouvelle : commencerions-nous à explorer le versant salubre de la dette ?

La monnaie pourrait être un bien public qui facilite l'échange.

Comment se fait-il qu'elle soit un tel outil de domination et source d'autant de mystifications et de confusions ?

Parce que c'est de l'argent.

Parce que ça nous échappe.

Parce que ça réveille notre cerveau reptilien.

Parce que c'est un doudou d'adulte.

Parce que, comme au bonneteau, il y a un tour de passe-passe.

Pour ceux qui n'auraient encore pas compris le côté immatériel de la monnaie, nous vous proposons de voyager en compagnie d'un billet de 50 euros.

C'est parti.

5

Le voyage étonnant d'un billet de 50 euros

L'action se situe dans un charmant petit village comme il y en a tant dans notre merveilleux pays. Nous sommes au Café du Commerce, qui fait également office d'hôtel : l'Hôtel du Commerce. Un matin, une petite dame arrivée par le bus se présente au bar qui fait office de réception de l'hôtel. C'est le côté pratique de la province.

Elle est de passage dans le village pour la journée, en voyage d'affaires, mais elle n'est pas sûre de pouvoir prendre le dernier bus du soir.

Pour s'assurer qu'elle ne dormira pas dehors, elle demande à réserver une chambre. Elle donne un billet de 50 euros au patron de l'hôtel (donc du bar) en guise d'acompte, en s'excusant pour la petite tache qu'il y a sur le billet. Puis elle vaque à ses occupations.

Le patron s'apprête à ranger le billet dans son tiroir-caisse quand, soudain, un des poivrots du bar l'interpelle :

– Jean-Pierre, tu me dois justement 50 euros sur la dernière partie de cartes !

Pour avoir la paix, Jean-Pierre lui refile le billet de 50 euros de la petite dame. En sortant, le poivrot se rappelle qu'il doit encore 50 euros au boulanger pour les galettes des rois du début d'année qu'il n'avait pas encore réglées. Il entre et lui donne le billet.

Dans la queue derrière lui, le dentiste du village fait signe au boulanger qu'il connaît bien, ainsi que le poivrot, et s'exclame ironiquement :

– 50 euros, génial ! C'est exactement ce que tu me dois pour tes deux dernières visites !

Le boulanger rit jaune, mais lui donne à son tour le billet.

Le dentiste, à peine dehors, se rend directement à son QG, le Café du Commerce. Là, il paie avec le billet son ardoise de la semaine, du coup le patron lui offre un verre. À cet instant, un client entre pour réserver une chambre, pas de chance c'est complet ! À ce moment-là, la petite dame revient et dit, soulagée :

– Finalement j'ai fini plus tôt que prévu, je n'ai plus besoin de la chambre.

Parfait ! Tout s'arrange, le patron lui redonne le même billet taché, billet que la dame reconnaît. Sur quoi elle lui avoue :

– Merci c'est sympa, de toute façon il était faux.

Elle le déchire et s'en va en ricanant.

Ou comment faire du vrai avec du faux et au passage faire du bien à tout le monde ! Chacun a été payé, toutes les dettes ont été annulées, pourtant le billet était faux. Mais personne ne le savait.

La monnaie est une convention sociale reposant sur la confiance, elle n'a d'autre valeur que celle que nous lui accordons. C'est uniquement parce que certains cautionnent cette valeur de façon crédible que nous y croyons.

Cette valeur existe parce que nous croyons qu'elle sera acceptée en paiement sans difficulté par les autres.

La croyance dans ce billet est tellement forte que ce n'est plus du papier mais un billet de 50 euros.

6

Dette publique, dettes privées

Comme ça, sans réfléchir, on aurait tendance à dire : dette privée, dette publique, c'est kif-kif, ce sont des dettes.

Quelle erreur ! Malgré la confusion souvent entretenue, il existe une grande distinction à établir entre dette privée et dette publique.

Sous couvert de nous simplifier la tâche et de nous aider à comprendre l'étendue des dégâts, le parallèle est souvent fait entre les deux.

C'est sournois et malhonnête.

Pourquoi ?

Nous sommes mortels, l'État est immortel.

L'État peut faire défaut mais pas faillite, comme une vulgaire entreprise. Faire défaut, c'est-à-dire ne pas pouvoir rembourser une échéance à des prêteurs, ne pas pouvoir honorer une partie de ses engagements, comme payer ses fonctionnaires par exemple… Un État peut le faire, il est souverain, même s'il s'expose à un retour de bâton. Aucun huissier ne le mettra à la rue en saisissant ses biens.

Vous, commun des mortels, allez expliquer à votre banquier que vous allez faire défaut pendant un petit moment ! Inimaginable ou alors votre banquier est votre cousin, ce qui est interdit, normalement.

La dette privée est palpable : ma maison, ma voiture, mon pain, mes fesses !

La dette publique, elle, est beaucoup plus abstraite : une place publique, un jardin public, un hôpital public, une école publique, une crèche publique...

Vous pouvez toujours rétorquer :

– Une crèche ! Mais j'ai pas d'enfant, je m'en fous !

– Oui, mais ton frère est en prison.

On voit bien que dette publique et dette des ménages, ce n'est pas la même chose.

Imaginons l'inverse, que ce soit semblable.

Dans ce cas, la France devrait être gérée « en bon père de famille », vous remarquerez au passage qu'on ne dit jamais « comme une bonne mère de famille ». La route est encore longue. Donc...

La France, avec toutes ses activités, génère 2 000 milliards d'euros de valeurs économiques par an. C'est pratiquement le montant de sa dette en 2015.

C'est comme si une famille dont les revenus sont de 2 000 euros par mois, donc de 24 000 par an, était endettée… de 24 000 euros. Trouverions-nous cela si considérable ? Cette famille ne pourrait-elle pas s'endetter plus ?

Et encore, dans ce calcul, nous ne tenons pas compte de son patrimoine, si elle a la chance d'en avoir un. La France aussi a un patrimoine, détenu par les ménages, les entreprises et l'État. Il est d'environ 16 700 milliards d'euros (on y reviendra dans le chapitre suivant), soit plus de huit fois la dette ! Et un État endetté à hauteur de ce que les Français produisent annuellement, est-ce donc si angoissant, surtout avec un tel patrimoine ?

Il existe tout de même un lien, assez insidieux, entre dettes privées et dette publique…

Pour que la croissance d'un pays soit assurée, il faut consommer un maximum, sans arrêt, toujours plus, pour nourrir la bête.

Mais c'est quoi, cette croissance ? Elle symbolise le développement économique d'un pays qu'il est toujours bon d'accélérer par tous les moyens. Pour la calculer, c'est simple : la production nationale d'une année moins celle de l'année précédente.

Simple. Si on produit moins en 2014 qu'en 2013, le taux est négatif. Ce n'est pas bien. Plus le chiffre est petit, plus le gouvernement est dans la mouise pour expliquer les bienfaits de ses réformes.

La croissance mesure l'évolution de la prospérité (économique) de chacun à travers le pognon gagné par tout le monde et dont chacun n'a pas forcément vu la couleur.

Le taux de croissance, c'est le Graal, et c'est en général un rendez-vous manqué.

Depuis des années, la croissance est tout d'abord « prévue », elle est ensuite révisée et, pour finir, elle disparaît.

On pourrait donc appeler cette croissance la « croissance Godot ». Ce n'est pourtant pas faute de publicités pour nous rappeler d'honorer sainte Consommation.

Mais quand les gens n'ont pas franchement confiance en l'avenir, rien à faire, le taux en prend un coup. J'ai peur, j'achèterai plus tard.

Les médias reprennent alors les cantiques de la plupart de nos responsables politiques, qui écoutent eux-mêmes les conseils de leurs amis publicitaires, au moins payés, eux, pour titiller notre envie d'acheter.

Et quand, par malheur, les gens n'ont tout simplement plus d'argent pour consommer, on les pousse à s'endetter, même les pauvres, surtout les pauvres. Pour stimuler la croissance, encourageons l'endettement.

Acheter à crédit, c'est bon pour la croissance. Et ça marche, les populations ne cessent de s'endetter. Normal, la consommation est une activité vitale de l'être humain, depuis la naissance jusqu'au plan social. Elle consiste à acheter des choses dont il n'a pas besoin avec de l'argent qu'il n'a pas.

Vous voyez maintenant le lien entre privé et public ? Non ? Alors, un exemple parlant.

La crise de 2008, les *subprimes*, le début de la fin.

Vous en avez entendu parler dans le poste. C'est quoi, ces machins ? La meilleure définition que l'on puisse trouver, c'est : le crédit des pauvres. Les pauvres étant ces personnes adeptes de la pauvreté qui ont cette capacité surprenante de vivre en dessous de nos moyens.

Les *subprimes* appartiennent au magma dont nous vous avons parlé plus haut.

En fait, le terme recouvre un astucieux montage financier tombé en désuétude après 2008. Pour un pauvre, cela consistait à payer à une banque une maison qui ne lui a jamais appartenu. Pour une banque, cela consistait à consentir un prêt immobilier à un pauvre en lui offrant, au départ, un faible taux d'intérêt. Pour le pauvre, il était ainsi possible d'emprunter pas cher, même s'il aurait pu s'attarder sur l'expression « taux variable », en tout petit sur le contrat.

Pour les banques, une chose était parfaitement claire : les pauvres n'avaient qu'à savoir lire et à bien regarder toutes les lignes du contrat. Jamais à court d'idées, elles faisaient ainsi un pari conçu sur le modèle « pile, je gagne », « face, je gagne ».

Si les cours mondiaux se mettaient à changer, c'était le pauvre qui paierait, parce que, grâce au « taux variable », les mensualités à rembourser augmenteraient en flèche et le contrat signé serait là pour le lui rappeler.

Si le pauvre, découvrant trop tard les subtilités du « taux variable », ne pouvait soudainement plus payer, ce n'était pas perdu pour tout le monde : on saisirait sa maison. Comme, de toute façon, l'immobilier allait continuer à grimper, c'était bingo pour la banque, qu'il pleuve, qu'il neige ou qu'il vente.

Au casino, on appelle cela une « martingale ». Dans le langage poétique de la banque, c'est, au choix, un « produit dérivé », un « prêt structuré » ou encore ce « crédit à taux variable ».

Dans tous les cas, une mécanique permettant de gagner un maximum grâce aux pauvres.

Seulement voilà... On a vu le résultat.

Il y a d'abord eu un boom des *subprimes*, des milliards gagnés grâce au procédé ci-dessus.

Suivi d'une crise des *subprimes*, des milliards perdus et des faillites conduisant à la crise de 2008.

Suivie d'une « leçon tirée des subprimes », c'est-à-dire une petite épuration dans les milieux bancaires des spécialistes de l'habile étalement des risques. Rassurez-vous, ils ont vite retrouvé du boulot. Et leurs bonus.

Poursuivons l'analyse, comme si vous y étiez.

Nous sommes donc aux États-Unis, pays du possible, du rêve et du cauchemar. Une banque prête à un pauvre, ce qui au départ semble plutôt sympathique bien que pervers.

Deux solutions : soit il peut rembourser ses mensualités, soit il ne peut pas.

S'il rembourse, tout va bien.

Seulement voilà, le taux d'intérêt change brusquement et le voilà qui ne peut plus payer. Pas si grave pour la banque, elle a pris une assurance, alors que le pauvre n'en a aucune vis-à-vis de la banque.

S'il n'a pas choisi d'être pauvre, il a choisi de faire un emprunt. Pour la banque, c'est un pari où, comme on vient de le voir, a priori, à tous les coups on gagne… Les aventuriers spéculateurs, flairant la bonne affaire, engagent à leur tour des paris sur le pari, tout le monde joue, tout le monde couvre tout le monde, une opération en dissimule une autre, on nage dans le magma.

L'ennui, c'est que ce pauvre n'est pas tout seul à ne plus pouvoir rembourser, bientôt ils sont dix, cent, mille, des millions. La banque a bien saisi les maisons de ces mauvais payeurs, elle est maintenant propriétaire de milliers de maisons, mais, comme dans les films catastrophes, un seul détail n'avait pas été prévu : il n'y a personne pour les racheter. Les maisons ne valent plus rien. L'emprunteur est à la rue, le prêteur fait le trottoir. Qui intervient pour sauver la banque ? L'État.

Nous voilà donc passés d'une dette privée à une dette publique, à cause de ces salauds de pauvres.

Au final, celui qui a emprunté se retrouve avec une dette privée et une dette publique, c'est la double peine. Pourtant, au départ, il voulait juste sa maison et en plus on lui avait dit qu'il gonflerait la croissance de tous et son patrimoine avec.

C'est l'inverse qui s'est passé. Enseignement de cette histoire : dettes privées et publiques ne sont peut-être pas la même chose mais, le plus souvent, elles se cumulent, surtout pour les pauvres.

Vous voulez encore une histoire de lien entre dette publique et profit privé ?

Il était une fois un pays, berceau de la démocratie, où les gouvernements successifs, corrompus à souhait, ont précipité le berceau et le bébé dans le magma de la dette.

La Grèce, déjà endettée, mais dont les dirigeants trafiquaient les comptes pour faire partie des bons élèves de l'Europe, est passée grâce aux conseils d'une banque privée au surendettement et à la quasi banqueroute.

Voici l'histoire du coup de main que nous appellerons main droite/main gauche de Goldman Sachs aux Hellènes.

Main gauche.

Goldman Sachs, roi de la City et prince de la finance, toujours prêt à aider son prochain, prend en main les comptes de l'État grec, en complicité avec le gouvernement de l'époque. Le requin n'est pas rentré en force dans le bassin.

La banque permet au pays de s'endetter en cachette, bien au-delà des limites fixées par Bruxelles. Au lieu d'un emprunt classique, Goldman Sachs propose une combine : un emprunt déguisé.

Un jour, évidemment, cet emprunt deviendra visible et l'addition arrivera sur la table. Mais d'ici là, l'État grec disposera de cet argent, sans que la dette semble avoir augmenté.

Un emprunt caché en somme.

Cette mauvaise gestion va plomber les comptes et accélérer la ruine du pays. Mais le malheur des uns peut être tout à fait profitable aux autres.

Comment la banque et les investisseurs se rémunèrent-ils en échange ?

Par exemple en encaissant tout ou partie des recettes du Loto ou des taxes d'aéroport pendant x années, mais seulement à partir d'une date convenue d'un commun accord.

Pour obtenir tout de suite des milliards de dollars, il suffisait ainsi à l'État grec de renoncer à des recettes ultérieures. Croyez le ou non, ils ont réussi à faire passer ça pour un « échange de devises ». Techniquement, ce n'est pas un emprunt. Il n'y a donc pas d'intérêts à inscrire au budget. De l'argent est à disposition maintenant, qui fera défaut plus tard. On repousse le problème. Certes, c'est une déplorable gestion d'État, mais c'était tentant pour des politiciens le nez rivé sur les sondages.

En clair, quelqu'un vous prête 20 000 euros pour rénover votre appartement et ce quelqu'un va se rembourser en encaissant les loyers pendant x mois, mais deux ans plus tard. Ce quelqu'un va évidemment encaisser beaucoup de loyers pour un montant qui va largement dépasser les 20 000 euros. Cette personne abuse de vous et de votre bien. Elle vous a prêté les 20 000 euros en liquide, et le seul contrat qui est passé n'est connu que de votre créancier et de vous-même. Même votre femme, Angela, ne sera pas au courant.

Les miettes sont sous le tapis, on a l'impression que le ménage a été fait, tout est propre, jusqu'à ce que quelqu'un soulève le tapis.

Imaginez maintenant que la personne qui vous a prêté les fonds nécessaires à la rénovation de votre appartement parie que vous et Angela allez vous séparer quand elle va découvrir ce que vous lui avez caché. Ça ne loupe pas. Angela qui voulait profiter de cet appartement avec vous n'en veut plus, elle vous quitte, vous vous retrouvez avec un appartement et des dettes sur le dos, vous êtes obligé de le brader pour vous en sortir. Cette même personne va une fois de plus vous aider en vous rachetant votre bien à bas prix. Vous n'avez pas trop le choix, vous lui devez encore un tas de loyers. C'est exactement ce qui s'est passé avec la Grèce.

Main droite.

Les banquiers de Goldman Sachs connaissent très bien les comptes de la Grèce, et pour cause. Ils veulent bien prendre des risques calculés et très lucratifs, mais ils vont dans le même temps parier contre leur client. Après avoir aidé le gouvernement hellène à maquiller ses comptes, les mêmes banques investissent dans des fonds spéculatifs pariant qu'Athènes sera bientôt en défaut de paiement ! Je t'aide à courir à ta perte et je parie sur ta perte.

Je vous conseille, je vous prête et je prends une assurance sur ce prêt, sans vous le dire. Si vous ne pouvez pas me rembourser, je touche encore plus : pile je gagne, face je gagne.

C'est donc en toute légalité que Goldman Sachs a empoché une commission de 600 millions de dollars pour avoir monté l'opération, plus 400 millions par an sur les biens publics grecs jusqu'en 2037.

Dans le même temps, la banque investit dans des *credit default swaps* (encore un truc qui fait partie du magma) et parie sur l'incapacité de la Grèce à honorer sa dette. De la pure spéculation qui nourrit la méfiance des investisseurs et des créanciers face à Athènes.

Dorénavant, quand on vous dira « qui paye ses dettes s'enrichit », vous serez en droit de corriger : non, qui paye ses dettes est moins riche.

Pourtant, il va bien falloir les payer ! En êtes-vous persuadés au fond de vous-mêmes ?

Pour conclure la conclusion, attention aux pièges et aux profiteurs en tous genres, sinon, c'est la ruine pour nous mais également pour nos enfants.

Aïe, les enfants !

7

Qu'est-ce qu'on va laisser à nos enfants ?

« Chaque enfant qui naît en France doit 30 000 euros au titre de la dette publique ? »

C'est l'argument favori de ceux qui perçoivent la dette comme une sorte de maladie honteuse. Nous allons lâchement léguer à notre progéniture, pour tout héritage, une épouvantable dette. Que le déshonneur soit sur nous.

Alors, est-ce que c'est grave, Docteur ?

Non, parce qu'on ne va pas leur laisser que cela. Mais également, par exemple, les avoirs de l'État. Nous allons leur léguer des hôpitaux, des écoles, des piscines, des stades, des routes. Une bonne éducation, une bonne santé, soit des montants bien supérieurs à celui de la dette.

Cette dernière représente, on l'a vu, environ une fois le PIB de la France.

Mais c'est quoi ce truc, ce PIB, dont vous entendez parler à toutes les sauces ? Le produit intérieur brut.

C'est la richesse monétaire produite en une année par un pays. Il comptabilise ainsi sur une année la valeur totale de production de richesses, celle des entreprises, des administrations publiques.

Du palpable.

Quand on parle de PIB par habitant, il suffit de diviser cette somme par le nombre d'habitants. C'est un indicateur économique qui donne une idée du volume de la production réalisée dans le pays.

En gros, dis-moi ton PIB et je te dirai combien tu pèses, si tu joues chez les poids plume ou les poids lourds, si tu comptes pour de vrai ou pour du beurre.

Comme on l'a vu plus haut, sa variation d'une année sur l'autre est censée mesurer le taux de croissance du pays. Il est à l'économie ce que le thermomètre est au médecin.

Par contre, encore un paradoxe, dans le calcul de ce PIB, la plupart des nuisances, pollutions, accidents ne sont pas comptabilisées comme des destructions, mais comme des apports de richesse.

Pourquoi ?

Parce que ça rapporte, ça active les assurances, les professionnels de la dépollution, le marché des pièces détachées de bagnoles… Ça fait tourner la machine, ça génère des activités économiques, bref, ça fait circuler de la monnaie, mesurée et comptabilisée par le PIB.

Un exemple évoqué par le philosophe Patrick Viveret :

« Les dizaines de milliards de coûts directs des accidents de la route, qui en génèrent le triple si on compte les dégâts collatéraux, contribuent à la croissance de notre PIB. Imaginons que l'année prochaine, nous ne déplorions aucun blessé et aucun mort sur les routes de France, nous aurions dans le même temps à déplorer une baisse significative de notre PIB. La France perdrait une ou plusieurs places dans le classement des puissances économiques. Et nous verrions certainement des économistes alarmistes présager que la crise est de retour. »

Étonnant, non ?

Imaginez Gérard, qui décide tout à coup de faire une BA : il veut augmenter le PIB de son quartier. Il lui suffit de crever les pneus de toutes les voitures de votre rue ; là encore, assurances, dépenses de garagiste, frais d'hôpital s'il se fait choper.

Bref, un geste débile peut doper l'économie, comme l'EPO un sportif, ou une bonne guerre les comptes d'un pays.

À noter que, contrairement à ces libertins de Britanniques qui ont intégré les revenus issus de la prostitution et du commerce de la drogue dans leur PIB, la France s'y refuse. Tant pis pour l'érection de notre PIB. Oui à la guerre, non à la prostitution. La morale est presque sauve.

À l'opposé, les activités positives non marchandes et non administratives ne sont pas comptabilisées, par exemple les activités bénévoles ou encore la production domestique assurée au quotidien au sein de la famille.

Tout cela est considéré comme de l'activité de branleur qui n'amène rien de positif au bilan comptable.

Des empêcheurs de croître en rond certifient que ce PIB est une vieillerie qui date de l'après-guerre et ne tient pas compte de l'évolution des sociétés.

Et pourtant, c'est la base de tous les calculs, et donc de toutes les réformes qui vont avec.

C'est le thermomètre qui, parce que nous avons les yeux rivés dessus, a tendance à nous rendre malades.

Passons au Produit Intérieur Doux, et qu'on n'en parle plus !

Retournons du côté de la dette.

Bon, si on résume, on a une dette. Mais on a aussi du capital, qui augmente lui aussi annuellement. Capital, argh, encore un mot qui fout les jetons.

Capital : c'est-à-dire l'argent qu'on a de côté, le patrimoine, les machines qui servent à produire, les réserves, les stocks, tout ce qui permet de générer des revenus, le coffre-fort de Picsou.

Ce capital est bien supérieur aujourd'hui au montant de la dette.

Pire, la croissance du capital est plus rapide que la montée de la dette. Faut le faire (tout cela sans compter le capital de connaissances, mais celui-là est difficile à évaluer). Certes, ce capital n'est pas franchement bien réparti, et nous nageons dans l'inégalité. Comme l'explique l'économiste Thomas Piketty : les inégalités qui vont avec l'augmentation du capital sont accablantes et dangereuses, mais le capital en lui-même n'est pas un problème.

Vous aurez sans doute remarqué que, dans le langage courant structuré par les médias, « capitalisme », ce gros mot, a été remplacé par « économie de marché », qui fait plus terroir. Concédons que le capital, ce n'est pas le grand Satan, même s'il faut rester sur ses gardes.

Mais ne soyons pas dupes non plus. Quand vous entendez « capitalisme à visage humain », nous gardons la fâcheuse impression qu'on nous parle d'un monstre à qui on a mis un masque pour ne pas effrayer la population.

Mais revenons à notre chère dette.

Si elle explosait et représentait vingt fois ce qu'elle est maintenant, nous nous retrouverions avec des chaînes aux pieds comme de vulgaires esclaves et passerions notre temps, notre énergie, notre travail à la rembourser. Une majorité de la population esclave d'une minorité… Quand on le dit comme ça, on a l'impression d'un vrai retour en arrière, d'un recul historique…

Eh bien, c'est le cas.

Dans un pays où chacun est censé naître libre et égal en droit, ça craint !

Soyons donc méfiants, surtout quand les mots

ressemblent à de belles couleuvres qu'on nous invite à avaler cul-sec.

Quand vous entendez par exemple le verbe passe-partout et jamais autant employé « moderniser », il faut traduire.

En économie, « moderniser » une nation signifie la rendre compétitive, donc faire des sacrifices, donc revenir en arrière pour aller de l'avant. D'où, par exemple, cet adage moderne : « Pour créer de l'emploi, il faut licencier. »

Quand on parle de moderniser les universités, les transports, les hôpitaux, la recherche, on peut traduire par : « privatiser ».

« Moderniser les vieux » va bientôt signifier : en tuer une moitié pour la faire bouffer par l'autre.

Pour conclure, revenons à ce patrimoine que nous allons laisser à nos enfants, avec des chiffres, c'est chiant mais c'est parlant. D'abord, il y a plusieurs patrimoines.

Si l'on fait une évaluation *grosso merdo* : l'État et les collectivités locales possèdent un patrimoine de plus de 2 500 milliards. Entendez par patrimoine ; des bureaux, des logements, des autoroutes, des ports, des aéroports, des universités, des lycées, des hôpitaux, des terrains, des forts, des châteaux, des centres de vacances, des camps militaires, Brigitte Bardot, Mireille Mathieu…

Pour estimer tout ça, faire une sorte de bilan comptable, on a pris en compte uniquement ce qui pouvait être vendu, donc estimable, en étant le plus proche possible de la valeur du marché.

Si l'on se met à brader les biens de l'État, on n'arrivera pas au même chiffre, ce qui est arrivé quelquefois il faut bien l'avouer. Le besoin pressant de liquidité pousse parfois l'homme politique à sous-estimer ce qui NOUS appartient, surtout si on considère que ce qui appartient à tout le monde n'appartient à personne en particulier.

Dans ce calcul, on exclut évidemment les monuments historiques, sauf Brigitte Bardot et Mireille Mathieu, ainsi que le domaine public naturel qui ne donne pas lieu à des titres de propriété.

Ce n'est donc en principe pas demain qu'on va vendre l'Arc de triomphe, *La Joconde*, les gorges du Tarn et le parc de la Vanoise. Mais ne préjugeons de rien, restons sur nos gardes, sinon la tour Eiffel pourrait finir au Qatar.

Venons-en au patrimoine des ménages.

D'après les dernières évaluations disponibles, il est en France de 429 000 euros par ménage ! Il va sans dire que la famille Bettencourt, bien qu'en pleine tourmente à cause d'une fille qui manque d'amour et d'une mère qui joue les guichets automatiques, possède un patrimoine plus élevé qu'une famille moyenne, où par contre tout le monde se serre les coudes.

Comme quoi l'argent ne fait pas toujours le bonheur. Mais, quand on constate avec amertume que 10 % des Français les plus aisés concentrent près de la moitié du patrimoine national, on se dit que faire une moyenne ne rime pas à grand-chose et que, sans devenir des émules du Che, une meilleure répartition ne nuirait pas à l'unité nationale et à la pitance de chacun.

En attendant, si on multiplie le nombre de ménages par 429 000 euros, on obtient 11 939 milliards d'euros. À côté, notre dette souveraine ressemble plus à un minou qu'à un gros loup.

Ce n'est pas fini car, enfin, s'ajoute à tout cela le patrimoine des entreprises.

Une fois de plus, il s'agit d'une moyenne qui

cache des disparités d'une entreprise à l'autre. Entre la petite PME familiale de fabrique de coussins et une multinationale qui vend du pétrole ou des sodas pour obèses, on trouve autant de points communs qu'entre la Vierge Marie et Dodo la Saumure.

N'empêche que le montant de ce patrimoine est évalué à 1 600 milliards d'euros pour les sociétés non financières et à plus de 700 milliards pour les sociétés financières.

Ça fait une somme !

Qui une fois de plus dépasse le montant de la dette.

Si on additionne tous les patrimoines, que des bonnes nouvelles ! C'est bien simple, notre dette publique paraît toute rikiki, elle fait presque de la peine. Et, d'un coup, on se sent mieux, on dédramatise, on relativise, on aurait presque envie de dépenser comme des malades.

Alors maintenant quand vous entendrez cette sentence définitive autant qu'alarmiste :

– Chaque enfant qui naît en France doit 30 000 euros.

Vous pourrez répondre :

– Et alors ? Il a aussi un sacré patrimoine en arrivant ! Et il n'a encore rien foutu. Donc en fait, on est riche à la naissance et endetté en même temps. Le bébé français naît riche endetté, mais sept fois plus riche qu'endetté ! Et comme on ne prête qu'aux riches…

Et puis, s'il vous plaît, arrêtez d'effrayer les bébés.

S'ils entendent qu'ils doivent de l'argent avant de sortir, ils voudront rester dans le ventre de maman ou carrément refuser de naître. On peut les comprendre. Ce qui par la suite va poser d'énormes problèmes pour les retraites.

Vous pouvez au moins les avertir, leur dire combien on doit, et qu'il faut en plus payer des intérêts.

Comme on va le voir, il y a grand intérêt à se pencher sur ces intérêts. Ça fait beaucoup d'intérêts. Justement, c'est le cas…

8

Les intérêts de la dette et les dégâts qui vont avec

S'il n'y avait que la dette tout court, chers contribuables, nous n'aurions pas écrit ce livre.

Mais qui dit dette, dit… intérêts.

Vous avez une idée du montant des intérêts de la dette que nous payons chaque année ?

À la louche, 50 milliards d'euros en 2014. Comme on vous l'a dit au début, ça bouge tout le temps, un peu comme des sables mouvants. Mais l'estimation est fiable.

Une petite comparaison anodine au passage. L'impôt sur le revenu rapporte chaque année en France environ 75 milliards d'euros. Vous voyez le topo : le paiement des intérêts de la dette représente les deux tiers de l'impôt sur le revenu. On sait maintenant où passent nos impôts : dans la tirelire de nos heureux créanciers. C'est toujours mieux de savoir, cela évite les supputations suspectes.

Quand on fait une balance avec les 11 milliards du trou de la Sécu, d'un coup on culpabilise moins. Mais là, nous divaguons...

De toute façon, ces intérêts, il faut bien les payer. Sinon, plus personne ne nous prêtera. Nous voilà revenus dans notre paradoxe. Un paradoxe pour ceux qui payent, pas pour ceux qui encaissent.

« Pour accroître le paiement, il faut accroître la dette. » Le père Cervantès avait déjà tout pigé et il met ces mots dans la bouche d'un illuminé, Don Quichotte, qui disserte avec un gars du peuple, Sancho Pança.

En toute logique, aujourd'hui, si on estime qu'il faut payer cette dette et ses intérêts, il va falloir tailler dru dans la bête. Parfois, les chiffres eux-mêmes ont l'air de vouloir être pédagogiques. Parce que 50 milliards d'euros, c'est un chiffre qui n'est pas anodin, vous l'avez sans doute entendu ces derniers temps. Ou alors vous avez transformé votre téléviseur en aquarium, votre radio en pot de fleurs et vous utilisez les journaux uniquement pour faire du feu dans la cheminée.

50 milliards d'euros, c'est le montant du programme d'économies pour 2015-2017, prévu

par le gouvernement de gauche de Manuel Valls, olé ! Enfin… de gauche moderne et de progrès, à ne pas confondre avec la gauche passéiste et ringarde. Pour situer les deux clans idéologiques, disons que la gauche ringarde aime bien boire des coups, la gauche moderne préfère les compter. La gauche ringarde entretient les pauvres, la gauche moderne entretient la pauvreté. Le ringard s'accroche aux acquis sociaux comme une moule à son rocher, le moderne se cramponne à la compétitivité, il brise les tabous.

Arrêtons de délirer et revenons à nos 50 milliards : 50, c'est un chiffre rond, c'est propre, c'est net. Et puis à économiser en trois ans, c'est jouable. Un peu comme une sorte de longue intervention chirurgicale. Ça fera mal, mais seulement au réveil.

Alors 50 milliards de coupes, regardons voir par où ça passe.

20 milliards de réductions dans la protection sociale, qu'il va peut-être falloir débaptiser en « semi-protection sociale » ou « protection semi-sociale ».

Côté santé, ça fait très peur. Dans le seul secteur hospitalier, les économies vont représenter 22 000 suppressions de postes. Aux urgences, c'était déjà limite côté ambiance et durée d'attente, il va devenir urgent de ne pas tomber malade. Et créer en urgence un service spécial pour traiter les burn-out des urgentistes. Après l'arroseur arrosé, le soigneur soigné.

11 milliards pour les collectivités territoriales, donc des réductions de subventions pour tout ce qui touche à la culture, au sport, à l'éducation populaire, aux associations… bref, tout ce qui ne génère pas de profit immédiat.

Et enfin, une cure d'amaigrissement de 19 milliards du côté de l'État et de ses 1 244 agences. Il faut tailler, au hasard : Pôle Emploi, Météo France ? L'Insee, la Cinémathèque française, l'Agence de l'environnement et de la maîtrise de l'énergie… ?

En résumé, même si le budget annuel de l'État est de 373 milliards en 2015, 50 milliards d'économie sur trois ans, c'est énorme et 50 milliards d'intérêts de la dette par an, c'est géant et ça peut énerver !

Mais comme on vous l'a déjà dit et on vous le répète, l'argument imparable pour continuer de payer est le suivant : y'a intérêt de payer ces intérêts, sinon plus « personne » ne nous prêtera. Si vous ne comprenez pas tout de suite, c'est normal.

Pour mieux saisir la nuance intrinsèque de cet argument massue, pour ne pas dire lourd, posons-nous d'abord trois questions.

Qui est ce « personne » qui ne nous prêtera plus ?

Qui nous a prêté ?

Bref, à qui doit-on cet argent ?

9

À qui doit-on cet argent ?

À question simple, réponse simple ? Ce serait trop simple.

Étonnamment, c'est une question qui n'est pas très médiatique.

On doit de l'argent, point, et comme il est « public », il n'y a pas de raison d'en faire une affaire personnelle…

Cela étant… Imaginez-vous justement un quart de seconde vous coltiner un emprunt personnel sans savoir à qui vous devez cet argent.

Impossible ?

C'est pourtant notre cas, pour l'emprunt public. Nous devons… aux banques et euh… C'est là qu'on a l'impression que tout est très complexe, voire compliqué à souhait pour que nous ne comprenions rien.

Mais ne sombrons pas à nouveau dans la parano, dire qu'il y a un complot, c'est se donner l'air plus intelligent que les rusés, tout en étant un idiot fini. Ne confondons pas complot et stratégie.

Eux, nos créanciers, ont une stratégie.
Nous, les endettés, des traites à payer.
Mais que fait la police ?

Pourtant, tout le monde a une stratégie, la plus simple association de jardinage, la plus petite des entreprises...

Ces stratégies peuvent être bonnes, mauvaises, simples, compliquées, progressistes ou franchement nuisibles... On peut même avoir une stratégie pour éviter qu'un con vienne se greffer au dîner qu'on a organisé ou l'inverse, dans ce cas-là, c'est un « dîner de cons ».

Si les petits ont des stratégies, il est difficile de croire que les multinationales n'en ont pas. Elles auraient tort de s'en passer. Force est de reconnaître que ces stratégies sont souvent un tantinet opaques.

Du côté de ceux à qui on doit notre dette publique, c'est pareil. Nos créanciers ont une stratégie, qui consiste à prêter en toute discrétion.

Les 2 000 milliards de la dette, à qui les doit-on ? Eh bien c'est simple, on ne sait pas. Pourquoi ? Parce qu'on n'a pas le droit de savoir. L'identification nominative des détenteurs de créances sur l'État français est interdite. Elle est bien bonne, celle-là !

On a récupéré des statistiques, c'est déjà ça. On sait que deux tiers de ces créanciers sont des non-résidents. Ce n'est pas un hasard, d'ailleurs, si les trois principaux territoires où l'on trouve les détenteurs de la dette française sont les îles Caïman, le Luxembourg et le Royaume-Uni, des paradis fiscaux bien connus.

Nous y voilà : des paradis fiscaux – ou des enfers, mais pour les autres. Le paradis fiscal, cet endroit de rêve pour ceux qui ont foi en l'argent, son blanchiment, ses hôtels très chers mais de très mauvais goût, son secret bancaire et ses putes de luxe.

Rayer juridiquement les paradis fiscaux de la carte du monde ne prendrait qu'une ligne sur un traité. Il apparaît que, malgré une indignation de façade, les gouvernements n'en font pas une priorité. Cela n'entre pas dans leur stratégie pour l'instant. Mais il est vrai que les riches aussi ont le droit de rêver.

Alors, comment faire pour savoir enfin à qui l'on doit cette montagne d'argent ?

Première solution : si l'on voulait vraiment savoir, on pourrait interroger les chambres de compensation, comme Clearstream. Elles servent d'intermédiaire entre l'État, qui verse les intérêts, les créanciers qui les reçoivent et se sont spécialisés dans la transformation d'argent sale en argent propre : des machines à laver.

Malheureusement, il y a peu de chance pour que ces intermédiaires, si on ne les y oblige pas légalement, révèlent l'identité de leurs clients.

C'est ballot.

Deuxième solution : reste une méthode assez élémentaire...

On arrête de payer et on voit qui vient se plaindre.

Vous voyez qu'on peut s'en sortir ! Ceux qui se pointent au guichet pour réclamer sont nos créanciers.

Euréka !

Nous-mêmes ne sommes pas spécialistes pour deux piécettes, pourtant nos petits doigts nous disent que, si l'État français arrêtait de payer, les premiers devant le bureau des réclamations seraient les banques, les assurances et les fonds spéculatifs.

Les banques, nous en avons déjà parlé. Vous savez, ce sont ces endroits où vous donnez votre argent pour qu'on vous le prête. Où vous remboursez ce qui a été créé grâce à vous, vous vous rappelez : la monnaie. Attention on ramasse les copies à la fin du livre.

Depuis la crise de 2008, elles sont censées être transparentes en Europe. C'est quoi cette obligation de transparence ?

Ce qui est extraordinaire, c'est que, par un réseau d'influence aussi connu que peu visible – ce qu'on appelle parfois un secret de polichinelle –, les banques ont réussi ce tour de force de nous convaincre que tout ce qu'elles nous cachent, c'est pour notre bien. Du grand art.

En demandant aux banquiers : « Qui a des titres de la dette française ? », c'est un peu comme si on demandait au pape s'il peut nous envoyer un communiqué de presse relatant sa première érection. Ou à la CIA de confesser la dernière fois qu'elle a jugé bon d'éliminer un adversaire. Secret, protections juridiques maximales, armée d'avocats dévoués et grassement payés, la règle d'or est la même que dans la mafia : on ferme sa gueule, sauf si, éventuellement, on peut mettre un ennemi dans la merde. Mais dans ce cas-là, on se débrouille pour faire en sorte que la fuite ait l'air de venir d'un autre ennemi. Stratégie.

Et puis mettez-vous à la place des bienheureux clients qui ont l'opportunité d'un placement, sans aucun risque, avec des intérêts rémunérés et cautionnés par l'État, c'est-à-dire la République, c'est-à-dire nous-mêmes. Vous croyez qu'ils ont intérêt à rendre publics leur mise et combien ça leur rapporte ?

Alors, quand on demande : « les 2 000 milliards de la dette, à qui les doit-on ? », vous comprenez maintenant pourquoi c'est si dur de savoir.

Passons aux compagnies d'assurances.

Elles ne servent pas qu'à assurer votre voiture ou votre maison, mais également à investir. Comme les banques. Et dans ce domaine, elles assurent grave !

Enfin, aux fonds spéculatifs, une partie du magma.

C'est quoi ces trucs ? Si l'on se réfère à la définition littérale, ce sont des fonds financiers au rendement très élevé, en contrepartie d'une grosse prise de risque.

Des machines à sous, mais où les joueurs, qu'on appelle poliment spéculateurs, parient avec notre argent et notre accord les yeux bandés.

En général, ceux qui donnent de l'argent à ces fonds spéculatifs pour qu'il fasse des petits ne veulent pas trop savoir ce qui va se trifouiller avec leur pognon. Ces mêmes personnes ne demanderont des explications que si elles perdent. Eh oui, dans « haut risque », il y a « risque ».

Dans ce cas-là, c'est tout simplement trop tard. Les mêmes joueront ensuite les vierges effarouchées quand ils découvriront que leur appât du gain a provoqué quelques dégâts collatéraux sur les emplois ou… les dettes des États.

Si l'hypocrisie était liquide, beaucoup d'investisseurs seraient morts noyés depuis longtemps.

Ils jureront ensuite qu'ils ne recommenceront plus, jusqu'à la prochaine fois. Crise de conscience éphémère, problème éthique aussi volatil que l'argent…

« Quand j'entends "rendement", mon cœur s'arrête », aurait dit Bernard Madoff, un soir de lucidité. Ce célèbre financier, président d'un fonds d'investissement spéculatif, promettait des profits de 17 % à ses clients, bingo ! Il s'est avéré l'escroc public numéro un, responsable d'environ 65 milliards de dollars de perte, il a écopé de cent cinquante ans de prison. Bingo !

Il a entraîné dans sa chute ses clients, tous ceux qui ont eu confiance en lui.

Il y a tout de même une justice.

On ne va pas s'apitoyer sur leur sort. Quand ils entendaient rendement, est-ce que leurs cœurs battaient encore ?

L'appât du gain rend fou ; la preuve, certains se sont suicidés.

Peut-être faudrait-il des garde-fous ?

Pour eux, mais surtout pour nous, au cas où ils nous tombent dessus.

Pour synthétiser, on sait à qui vont les intérêts de la dette publique, mais pas précisément.

On ne vous donnera pas les noms, nous n'allons pas nous lancer dans un *outing* financier qui nous coûterait très cher en avocats et nous obligerait à nous endetter à vie.

Ce qui n'est pas le but de ce livre, au risque très élevé mais au rendement très faible.

Il est évident, même si l'argent n'a pas d'odeur, que plus on sait à qui on doit, plus on sait d'où vient l'argent et plus on peut exercer un contrôle. Savoir ce n'est pas guérir, mais si on ne sait pas, on ne pourra jamais guérir. Et toc !

Du côté des banques, des assurances et des fonds d'investissement, jouer à cache cash est presque une seconde nature.

À nous d'exiger plus de transparence.

Positivons ! Ça vient petit à petit…

La preuve, quelques banques ont commencé à jouer le jeu de l'éthique. Elles mettent en avant le fait qu'elles ne participent pas à des activités spéculatives, qu'avec elles nous avons la capacité de savoir où elles investissent et pour quoi elles investissent. Certes, ce ne sont pas les plus visibles mais, à force d'ouvrir l'œil, nous sommes certains que vous allez les trouver.

Quant aux autres, sous la pression de certains pays, entre autres les États-Unis qui ne sont pas le berceau de l'interventionnisme, elles sont de plus en plus contraintes de révéler leurs secrets et de purifier les eaux troubles dans lesquelles nage le liquide international.

De toutes façons, pour qu'un État emprunte de l'argent, il faut bien qu'il s'adresse à quelqu'un.

Justement, comment ça se passe tout ça ?

10

Emprunt d'État, un jeu d'enfant

L'État français a besoin d'argent pour subvenir à ses besoins, c'est-à-dire aux nôtres. Il n'en est pas rentré assez, nous croulons sous les intérêts, la croissance en berne, le PIB qui débande... bref c'est la crise. Mais ça, on en a déjà parlé.

Nous sommes lundi matin. Le directeur général de l'agence France Trésor (Bercy au 9e étage du ministère des Finances, la vue est dégagée) convoque Jean-Pierre et sa bande, une partie des 40 employés de l'agence.

– Bonjour Jean-Pierre, ça sent l'orage aujourd'hui.

– Oui monsieur, mais vous allez vous débrouiller comme un chef, comme d'habitude.

– Non, je parlais du temps. Voilà votre mission d'aujourd'hui : vous avez 10 milliards à trouver dans la journée. On n'a pas le droit

d'être à découvert, alors déconnez pas. Faites au mieux, vous connaissez la situation du pays alors n'aggravez pas votre cas. Allez, bonne journée.
– Bonne journée, chef.

Jean-Pierre ne se pose pas de question, il n'est pas là pour ça. C'est un pro, il n'a pas atterri dans le service par hasard, il connaît le système financier sur le bout des doigts. Il ne fait pas partie des plus roublards, sinon il serait déjà dans le privé, mais lui et ses potes sont des spécialistes. Il allume les ordinateurs, va se faire couler un café, parle de la dette avec ses collègues, leur annonce qu'il va falloir dénicher d'un coup 10 milliards et prend note de la prochaine réunion syndicale dont le thème sera : non à la suppression d'emplois au ministère des Finances.

Aux côtés de ses collègues, le voilà qui se connecte avec 19 banques, dont 4 françaises. La tension monte.

Ils ont 10 milliards de dette à vendre. Qui en veut ?

Ils vont faire leur marché, sous la surveillance de leur chef et de deux informaticiens qui sont là pour intervenir en cas de bug. La sécurité est cruciale, tu m'étonnes !

Leur mission, puisqu'ils l'ont acceptée : emprunter au taux d'intérêt le plus bas possible.

En face d'eux, sur leurs écrans, des chiffres, des courbes, des taux, l'évolution des marchés, les dépêches financières (les derniers ragots bancaires)...

Leurs clients sont très riches – il faut avoir les moyens d'acheter une dette –, ce sont aussi des magiciens : ils achètent du moins pour faire du plus.

Jean-Pierre et ses potes vont devoir jouer serré, ils ont en face d'eux de riches ensorceleurs.

Mais ils savent aussi qu'ils empruntent au nom de la France, un pays riche et surtout qui paye ses dettes, donc un super-client.

Selon le contexte économique, l'ambiance, l'humeur du marché, les états d'âme des investisseurs, les besoins du Trésor public et le compte en banque de la France, ça négocie ferme sur le taux d'intérêt et la durée de remboursement.

L'heure H approche, ils ont dix minutes pour choisir la meilleure offre, pas une de plus. Rien n'est laissé au hasard, la moindre variation dans les taux d'intérêt peut coûter des milliards. Comme tous les lundis, Jean-Pierre est tendu du slip, il a pris des compléments alimentaires pour aborder sereinement la journée.

Ça y est, les jeux sont faits, le chef aux aguets donne son accord, rien ne va plus.

Et hop, l'affaire est dans le sac.

Les 10 milliards sont dans notre poche.

Ne restera plus qu'à les rembourser, mais plus tard, dans trois mois, dans six mois, dans un an, dans dix ans, ou plus, si affinités.

Ces derniers temps, la conjoncture était bonne, Jean-Pierre pouvait même obtenir des emprunts à taux négatif. En passant, voilà encore une belle différence entre la dette des ménages et la dette publique.

Allez trouver un emprunt à taux négatif pour acheter une maison ! C'est-à-dire à – 0,5 % par exemple. Le banquier vous prête de l'argent et non seulement vous ne payez pas d'intérêts mais, en plus, il paye la peinture !

La France est un très bon client, notre JP et ses copains savent que c'est un argument en béton pour nos créanciers. Ils en jouent : pour garder un client fidèle, il faut de bons arguments.

Dans un marché qui pète de trouille, les acheteurs de dette sont prêts à perdre de l'argent pour avoir des titres sûrs dans leur portefeuille. C'est-à-dire que, pour se rassurer et garder le chaland français, ces créanciers sont prêts à acheter de la dette hexagonale avec des taux d'intérêt négatifs, à perdre de l'argent, ils sont fous ces financiers !

Bien joué, Jean-Pierre. « Mon pays est fiable », se réjouit-il en grimpant sur sa chaise ! Champagne !

Enfin, fous ?

Pas tant que ça, on va le voir.

Vous voyez que tout n'est pas noir.

Dans ce cas de figure, qui arrive régulièrement (au moins pour certains pays et pour certaines époques bénies des dieux), il est donc préférable d'emprunter puisqu'on est gagnant. Alors quand on nous explique systématiquement qu'il faut se serrer la ceinture pour rembourser la dette publique, laissez-nous pouffer.

La vente est terminée, un récapitulatif est envoyé aux agences de presse financière, les marchés doivent être informés au plus vite de l'opération.

Ce qui veut dire que, quelques minutes après la fin du deal, certaines de ces banques ont peut-être déjà revendu ces prêts sur le marché secondaire (le magma). Vous voyez qu'ils ne sont pas si fous que ça.

Tout passe par des tuyaux, les acheteurs peuvent être aux quatre coins de la planète, l'argent n'a pas de nationalité ni de religion. On peut se retrouver avec des spéculateurs grecs qui achètent de la dette française. Ils ne sont pas cons, ils ne vont pas acheter la leur à bas prix, ils pourraient rendre service à leur pays.

Bon, alors, dans l'ensemble, ce n'est pas compliqué de vendre de la dette.

C'est comme sur le marché : « Elle est belle ma dette ! Elle est belle ! Qui en veut ? Elle est fraîche ! »

On la met aux enchères, jusqu'à la clôture du marché, et le tour est joué.

Mais, à part la conjoncture économique mondiale, un conflit armé dans un pays qui compte, c'est-à-dire riche, deux tours qui tombent, une catastrophe naturelle, qu'est-ce qui peut influencer ce deal de la dette pour notre Jean-Pierre ?

Les agences de notation.

C'est qui ?

Pour ce qui nous concerne, ce sont des organismes chargés d'évaluer le risque de non-remboursement de la dette d'un État. Là où le bât blesse, c'est qu'elles attribuent des notes, comme à l'école, mais ne garantissent rien à personne et s'estiment exonérées des conséquences de leurs appréciations, quelles qu'elles soient.

Quel beau métier : « je juge, mais ne me jugez pas ». Et pourtant, les institutions vont les consulter et payent pour être notées.

Il en existe trois principales dont vous avez forcément entendu parler quand notre pays, ou un autre élève, a perdu un A. Vilain !

Elles s'appellent Moody's, Standards & Poor's et Fitch Ratings, en langage universel parce qu'elles sévissent aux quatre coins de la planète.

Ces agences de notation, comme vous pouvez vous l'imaginer, sont aussi indépendantes du système financier que, si vous êtes de sexe masculin (mais dans ce milieu c'est le cas général), votre couille droite l'est de votre couille gauche, avec un truc qui pendouille au milieu : le conflit d'intérêt.

Ont-elles une réelle influence sur le marché de la dette publique internationale ?

Oui et non.

Lançons-nous dans une petite comparaison.

Dans une tribu, imaginons un sorcier. Il a ses amulettes, son rituel, son costume, son discours et tout le cérémonial qui va avec.

Dans la tribu, il y en a qui ont très peur et d'autres qui se marrent.

Pour les agences de notation, c'est pareil.

Quand on additionne le nombre d'erreurs et d'inepties accumulées par ces agences de notation depuis tant d'années, on est en droit de se demander pourquoi certains les écoutent encore.

Un seul exemple, mais vous pourrez en trouver à la pelle : quelques semaines avant que la banque Lehman Brothers ne disparaisse de la circulation après une faillite totale et retentissante en 2008, les agences de notation lui avaient renouvelé à l'unanimité la note maximale de : AAA. Ah ah ah !

Alors, influentes ?

Malheureusement, elles existent, donc elles influent, pour le meilleur et pour le pire, elles font peur à certains et sourire les autres.

Elles sont comme le capitaine du *Costa Concordia* – ce bateau qui a fait naufrage sur les côtes de la Sicile –, qui aurait déclaré lors de son procès : « Pendant le naufrage, j'ai toujours gardé les pieds sur terre. »

Ne retenons que le côté réjouissant de ce chapitre. Jean-Pierre peut emprunter, en notre nom, à des taux zéro ou négatif, et l'avis des agences de notation sur notre santé financière ne l'empêche pas de dormir, en tout cas moins que son ministre.

Mais au fait, pourquoi sommes-nous obligés de passer par des prêteurs privés plutôt que d'emprunter directement auprès de la Banque centrale européenne, par exemple ?

11

Banque centrale européenne : les tables de la loi

Au début était Hitler.

Et là, vous vous dites : qu'est-ce que vient faire dans ce livre ce monstre à moustache ?

Quel rapport avec la Banque centrale européenne ?

D'abord, c'est quoi exactement la BCE ? Et d'un coup, ça fait beaucoup de questions.

Aux origines, la Banque centrale européenne est l'institution monétaire de l'Union européenne. C'est une institution fédérale. Elle est née en juin 1999. Comme vous l'aurez constaté, son anniversaire ne suscite pas un engouement particulier. Son siège est à Francfort. C'est elle qui définit les grandes orientations de politique monétaire de la zone euro. Sa principale mission est de maintenir la stabilité des prix. Une bonne idée sur le papier.

Mais revenons à Hitler. La croyance qui dicte leur conduite aux politiques d'aujourd'hui, en particulier à la politique monétaire, c'est qu'Hitler serait arrivé au pouvoir suite à l'hyperinflation traumatisante des années 1920. Or c'est sans doute un phénomène contraire, la déflation, survenue ensuite, qui a le plus favorisé son avènement…

Un homme qui a laissé peu de traces dans la mémoire collective, Heinrich Brüning (patriote, célibataire, austère et catholique), pourrait nous raconter comment ça s'est passé. C'est lui qui était aux postes de commande en 1930, nommé par le maréchal Hindenburg. Le gars considère que l'inflation, c'est le mal absolu. Tiens, ça nous rappelle quelque chose de très contemporain…

Très logiquement et très vigoureusement aussi, il va faire une politique de déflation. Sans le vouloir, en pensant agir pour le bien de son pays, il va faire l'inverse.

En 1930, l'Allemagne compte 4 millions de chômeurs pour 65 millions d'habitants. Vous nous direz, nous en France actuellement, c'est 5 millions de chômeurs pour le même nombre d'habitants, comme quoi… Insupportable pour Brüning, et c'est parti pour une cure d'austérité :

errare humanum est. Pour lui, l'inflation c'est le mal absolu, il est encore traumatisé par les années 1920, quand les prix grimpaient follement et atteignaient des montants absurdes, au point de devoir imprimer des billets chiffrés en millions, et bientôt en milliards…

– Bonjour madame, je voudrais une baguette.
– Tenez monsieur, c'est 2 milliards.

En 1930, Brüning décide d'une grande déflation. Comment ? À coups de décrets-lois, en réduisant les prix, les dépenses publiques, les salaires des ouvriers et des fonctionnaires… En 1933, les nazis obtiennent la majorité au Parlement. Vous connaissez la suite.

Plus jamais ça… S'imposera ensuite l'impératif d'une BCE « indépendante », qui a pour premier objectif de nous débarrasser de l'inflation, c'est le mot d'ordre européen depuis. Pas de couille, pas d'embrouille. La stabilité, c'est la paix. Ça part d'un bon sentiment, sauf que… La BCE est devenue tellement indépendante qu'elle n'a de comptes à rendre à personne, enfin… pas à nous en tout cas.

En résumé, ça ressemble plus à un instrument

au service des banques privées et des milieux financiers qu'à un outil au service des États et des citoyens.

Depuis le début de ce chapitre, on vous parle d'inflation et de déflation. C'est quoi ces gros mots qu'on n'a même pas le droit de prononcer sous peine d'excommunication européenne ?

Est-ce bien l'inflation galopante qui menace nos démocraties ?

Et la BCE, du coup, est-elle le bon outil pour nous tirer de la panade ?

Et puis, c'est quoi le rapport avec notre dette ?

Allez ! Encore un wagon de questions.

Mais si on ne s'en pose pas, comment voulez-vous qu'on obtienne des réponses ?

Alors l'inflation ?

C'est la perte du pouvoir d'achat de la monnaie qui se traduit par une augmentation générale et durable des prix.

Et pan !

C'est parti, l'ensemble des prix monte. Le lundi, la baguette vaut 1, le mardi elle vaut 30, le mercredi elle vaut 150… C'est le dérèglement complet de l'économie. Ça craint. Il faut remplacer le porte-monnaie par une brouette.

C'est comme l'alcool, un verre ça va, deux verres, attention les dégâts.

D'aucuns diront : un verre c'est trop, deux verres c'est pas assez.

Des inflationnistes du goulot.

Mais attention…

Il existe aussi une inflation raisonnable. Un peu d'ivresse n'a jamais tué personne, à condition de ne pas rouler bourré.

Une légère hausse des prix n'est pas forcément synonyme de malaise profond…

Là encore, une affaire de mesure.

Revenons à notre BCE, voilà un organe supposé entre autres réguler le système bancaire, mais pas trop non plus.

Au final, la BCE ne régule pas grand-chose, à vrai dire. Ses pouvoirs sur le contrôle des capitaux sont assez limités.

Par contre, elle peut donner des ordres aux États et elle ne se gratte pas, demandez aux Grecs qui ont de l'expérience en ce domaine.

Nous voilà donc, grâce ou à cause de la BCE, ça dépend des points de vue, avec une monnaie forte, l'euro. Une monnaie forte, par exemple, c'est ce qui rend plus agréable le séjour d'un touriste français au Sri Lanka que l'inverse.

En général, c'est bon pour qui, cette monnaie forte ?

Pour les détenteurs de capitaux, comme l'expliquait Bernard Maris, pour les rentiers. Suivons le raisonnement d'Oncle Bernard… Les États qui font partie de l'Union européenne ont tout de même gardé une autonomie fiscale, on est ensemble, mais séparément. Donc, au lieu de s'unir autour de la monnaie unique, ils se sont lancés dans une concurrence fiscale et budgétaire.

On est ensemble mais on se tire la bourre. Chacun organise son petit budget et sa petite fiscalité dans son coin, mais sous le parapluie de l'euro.

Pourquoi une politique d'inflation très faible ? Pour les forts, les prêteurs, baptisés « créanciers ».

Quand vous prêtez, vous souhaitez que votre capital garde de la valeur, donc *vade retro* inflation ! Cette dernière pourrait grignoter douloureusement votre capital. Et vous n'avez pas envie de payer votre baguette 150 euros.

Une monnaie forte, c'est bien quand on prête, une monnaie faible quand on emprunte. Fermons le volet « inflation » et ouvrons l'autre.

Ce qui nous guette aujourd'hui, c'est un danger aux antipodes de l'inflation, qui s'appelle la déflation. Qu'est-ce donc que ce bazar qui fout les chocottes ? En économie, une déflation est, on l'a déjà entrevu, un mouvement persistant à la baisse, au fil du temps, du prix des biens et des services, c'est-à-dire du coût de la vie. Comme ça, on aurait tendance à dire : « Chouette, c'est tout bon, c'est moins cher, je vais enfin pouvoir me l'acheter ! »

Eh bien, cette tentation peut être coûteuse.

C'est un peu la belle pomme rouge que la méchante reine a donnée à Blanche-Neige, heureusement que le G7 des nains était là. Sous ses airs de bonne nouvelle, une baisse générale des prix est un poison mortel pour l'économie. Ce phénomène concerne tous les salariés, les consommateurs, les épargnants… et peut se résumer par une formule pleine de justesse et trop méconnue : payer moins cher rend pauvre.

Pourquoi c'est malsain, pourquoi tout le monde finit-il par y perdre ? Pour des raisons très simples.

Du point de vue des ménages : pourquoi acheter aujourd'hui ce qu'on peut acheter moins cher bientôt ?

– On va attendre que ça baisse encore, ma chérie, et après tu seras heureuse. Fais-moi confiance.

Le problème, c'est que le « après » peut durer un certain temps. Pendant ce temps : moins d'activité pour les entreprises, qui réduisent les investissements et les salaires. Pour s'adapter, elles produisent moins, baissent encore leurs prix, licencient. Ce qui pèse encore plus sur la consommation et les investissements…

Résultat des courses pour notre dette, qui dit sous-consommation et sous-investissement, dit moins d'argent qui rentre dans la caisse des États et plus d'argent qui en sort pour faire face au chômage, entre autres.

Spirale infernale. Tout le monde joue à un jeu qu'on pourrait appeler le « qui perd fait perdre ». D'ailleurs, au lieu de faire des jeux de société où on gagne toujours de l'argent, on ferait mieux d'en inventer où on en perd. Ce serait plus pédagogique.

En tout cas cette déflation doit faire sacrément peur pour que même Mario Draghi – président de la Banque centrale européenne, ancien vice-président de Goldman Sachs Europe – transgresse le traité européen de Maastricht en mettant un paquet d'argent public dans le circuit pour relancer la machine. Mais ça, nous le verrons plus tard.

Vous avez compris que c'est pour satisfaire tous ceux qui ont une sacro-sainte peur panique de l'inflation, Allemands en tête, qu'on a tout fait pour que ladite BCE soit « indépendante ». Angoisse de l'inflation qui peut déboucher sur son inverse, une déflation. L'une comme l'autre ayant des effets pervers. L'équilibre, ou plutôt la mesure, on vous dit, c'est ça qu'il faut trouver si on ne veut pas tomber d'un côté ou de l'autre.

Et puis l'indépendance, comme vous le savez, ça a un prix. Même pour une Banque centrale mais, ce prix-là, c'est nous qui le payons.

D'abord, ça remonte à quand cette affaire d'indépendance, autrement dit : cette privatisation de la monnaie ?

Appelons un chat un chat, sinon il pourrait se mettre à japper.

Pour cela, il faut aller voir du côté de la réforme des statuts de la Banque de France en janvier 1973.

Nous sommes alors sous la présidence de Georges Pompidou, rendu célèbre par ce slogan :

« Pompidou des sous » ! C'est donc sous lui que la loi « Pompidou-Giscard-Messmer » fut pondue.

En France, après l'établissement de cette loi, l'État a progressivement transféré le pouvoir de création monétaire aux banques privées.

À partir de cette date, les prêts à l'État ont été assortis d'intérêts pour plus de 45 milliards d'euros par an en moyenne. Michel Rocard déclarait fin décembre 2012, en faisant un effort d'articulation pour que chacun comprenne bien, que sans ces intérêts notre dette serait à un niveau bénin : 16 ou 17 % du PIB, au lieu de presque 100 % actuellement.

Cette idée de génie – pour les banques – a fait des petits et sera ensuite gravée dans le marbre au niveau européen dans le traité de Maastricht et plus encore dans celui de Lisbonne. L'article 104 du traité de Maastricht interdit aux États d'emprunter auprès de leurs banques centrales. Cette loi devient l'article 123 du traité de Lisbonne.

Voilà pourquoi on peut dire que la monnaie a été privatisée.

Miaou.

Nous devons dorénavant « acheter » notre

monnaie auprès des banques. La BCE jouant le rôle de la structure qui supervise et cautionne ce monopole de création monétaire par le privé.

Pour ceux qui n'auraient pas encore entièrement saisi, voilà le topo :

Avant, l'État français pouvait emprunter à la Banque de France sans intérêts. Un kif. La Banque de France fabriquait du franc quand l'État en avait besoin. Pratique... Bon, évidemment, sauf si un maboule arrive aux commandes...

Après, une banque privée emprunte à 1 %, parfois encore moins, auprès de la banque centrale et prête ensuite à l'État à 2 %, 3 % ou plus. Quand on parle en milliards, entre 1 et 3 %, y'a du lourd. Mais que ne ferait-on pas au nom de l'indépendance et pour le bonheur de notre banquier ?

Concernant la Grèce, ces taux d'intérêt sont montés jusqu'à 15 %. Le banquier n'est plus heureux, il est béat. Le peuple grec, moins.

Essayons de rester objectifs jusqu'au bout du stylo et faisons-nous les avocats du diable.

Si les États pouvaient emprunter directement à la BCE, ne serait-ce pas aussi la porte ouverte au grand n'importe quoi ? Certes, nous payerions moins d'intérêts sur notre dette mais... Revers de la médaille, nos dirigeants, bien que démocratiquement élus, ne seraient-ils pas tentés, à chaque élection, d'emprunter comme des malades pour injecter du fric dans leur économie aussi pauvre que leurs programmes et leurs réformes ? On aurait alors l'impression d'une économie florissante, alors que c'est la dette publique qui le serait.

C'est assurément un risque, déjà bien expérimenté au cours de l'histoire récente.

Aucun système n'est parfait, parce qu'il est aux mains d'êtres humains qui ne le sont pas.

Mais s'il n'y a pas de système dépourvu de risque, il n'est pas interdit de travailler sur ce qui pourrait nous permettre de nous rapprocher concrètement d'un système un peu moins absurde… Par exemple en redéfinissant les missions de la Banque centrale européenne.

N'oublions pas qu'il y a eu la grande crise de 2008. Tout devait changer, le système financier international devait être remis à plat. Y compris dans la bouche de la plupart des chefs d'État. On ne peut pas les croire ?

Ça tombe bien, c'est le thème du paragraphe suivant.

Alors, ces changements promis pour un monde meilleur ?

12

Y a-t-il du nouveau sous le soleil exactement ?

Tout d'abord, y a-t-il du changement à la Banque centrale européenne ? Eh bien, oui ! Quand on vous dit qu'il ne faut jamais désespérer.

Vous allez voir, c'est un bazar inspiré des Américains qui s'appelle le *quantitative easing*. Ça sonne bien, on n'y comprend rien, comme d'habitude, mais ça va dans le bon sens, rapport aux taux d'intérêt qu'on a à payer sur la dette. Le fameux tabou de la BCE serait-il en train de vaciller, de trembler du fondement ? Pourrait-elle prêter directement à un pays membre ?

Un État aura-t-il la possibilité d'emprunter pas trop cher pour continuer à investir et rembourser ses dettes ?

Pas d'excitation déplacée… Après, c'est la déception, nous l'avons tous vécue. La mariée est belle et puis… elle enlève sa robe.

Il y a désormais quelques évolutions notables.

Pourquoi ?

Parce que trop c'est trop, quel que soit le bord politique dont on est issu. Il y a même une quasi-unanimité. L'austérité n'a de vertu que celle d'accélérer la mort du malade, un laxatif administré à une personne atteinte de gastro-entérite.

Même le fameux Mario Draghi l'a compris. Lui dont le seul principe a longtemps été : « Plus c'est privé, plus c'est mieux, plus c'est public, plus c'est pire. »

Sa devise : « Même quand tu travailles dans le public, reste au service du privé. »

Il trône dorénavant tout en haut de la BCE. Et même lui a reconnu que la potion de l'austérité n'était plus magique.

Du coup, voilà qu'est apparu notre *quantitative easing* européen, en français « assouplissement quantitatif ». C'est quoi ce bignou ?

En gros, cela veut dire que la BCE va racheter des dettes d'État. Mais attention, pas aux États. Non, aux banques.

Par exemple, imaginons que la BNP possède 20 milliards de dette française, on dit qu'elle a des obligations d'État, ou encore des « titres de la dette ».

La BCE lui achète ces 20 milliards.

Donc, au final, c'est comme si la BCE prêtait ces 20 milliards à la France, sauf qu'elle passe encore par la BNP qui ne devrait pas trop se sucrer au passage, juste une petite commission, il faut bien refaire la façade de temps en temps et changer la machine à café.

Le *quantitative easing* ? Une ruse pour contourner les traités européens : je ne prête pas directement aux États, j'achète des dettes aux banques, c'est pas pareil… Du coup, l'honneur du traité est sauf, les Allemands ne bloqueront pas… Ouf.

À l'heure où nous écrivons ces lignes, nous en sommes encore surtout aux bonnes intentions, en espérant que la Banque centrale persévérera et que les banques privées ne seront pas trop gourmandes.

Prions.

La BCE a prévu de racheter des montagnes de dettes pour un montant total de 1 000 milliards au cours des deux prochaines années. Elle a déjà commencé.

Si ce n'est pas du changement, ça !

On pourrait même parler d'une vraie révolution idéologique. L'idéologie possédant ses propres limites, ses tabous et ses frontières, au hasard celles de la Grèce.

Eux, ils doivent continuer à chercher à emprunter où ils peuvent, qu'ils se démerdent avec les usuriers qui voudront bien leur prêter… pour l'instant. Il faut toujours laisser la porte entrouverte, sinon même un brin d'espoir ne peut pas rentrer.

Mais pourquoi ont-ils mis autant de temps pour pondre une telle idée ?

Ne mettons pas tout sur le dos des Allemands, mais essayons de les comprendre. Pour eux, en ce moment, tout va bien. Pourquoi ?

Parce qu'ils sont champions du monde de foot ?

Parce qu'ils ont confiance.

Que voulez-vous, pour l'instant, ils sont créditeurs, ça gonfle le moral et ça influe sur leur idéologie.

Un seul exemple, si on compare nos balances des paiements. Comme dirait DSK, c'est la différence entre ce qui rentre et ce qui sort… en une année : les exportations moins les importations du pays.

Eh bien, la balance des Allemands affichait

+ 250 milliards de dollars en 2013, la nôtre était, respirez avant de lire, de – 40 milliards.

Alors, forcément, quand tu discutes au sommet, autour d'une belle table ronde laquée, tu ne vois pas le monde et l'avenir de la même façon selon que tu es dans un cas ou dans l'autre.

Mais restons optimistes, même si tout le monde en Europe n'a pas vraiment les mêmes intérêts ni les mêmes besoins, ça finit par bouger quand même. *Quid* maintenant des autres changements attendus ?

1. Avons-nous obtenu la séparation des banques de dépôt et des banques d'investissement ?

NON.

Pourtant, après la crise de 2008, une sorte d'unanimité s'était faite sur le sujet. Pourquoi cette séparation ? Pour éviter que l'argent que vous déposez dans votre banque ne soit utilisé à l'insu de votre plein gré. Par exemple vers la spéculation sauvage. Une banque de dépôt, c'est le placement du père de famille, pas de risque, le papa préfère gagner moins mais gagner. Une banque d'investissement, c'est le placement de l'aventurier célibataire, qui aime le risque : il préfère gagner plus, quitte à tout perdre. Ce qui ne l'empêchera pas de faire la gueule ensuite. Alors, pour éviter la confusion des genres, comme avant 2008, où certains pères de famille se sont aperçus qu'ils avaient pris des risques sans être au courant, l'idée a été lancée de séparer les deux. Elle n'est toujours pas retombée.

Les lois envisagées un temps au niveau européen sont en cours d'enterrement. Grâce en particulier aux pelles et aux pioches des dirigeants français, qui ont œuvré à une belle et large fosse.

Alors, qu'est-ce qu'on attend ?

Une nouvelle crise ?

Qu'est-ce qui bloque ?

Peut-être un début d'explication…

Le nouveau commissaire européen à la Stabilité financière, aux Services financiers et à l'Union du marché des capitaux s'appelle Jonathan Hill. Good…

Étudions son CV de plus près. Ce n'est pas une carte de visite qu'il a, c'est un menu.

Jonathan Hill a fondé en 1998 Quiller Consultants, un cabinet de lobbying qui compte pour clients la banque HSBC, mais aussi Swift, société de télécommunication financière, ou encore l'institution gérant la City de Londres.

Récapitulons : Draghi, un des ex-piliers de

Goldman Sachs, à la présidence de la BCE et Hill, un lobbyiste de la City, pour arbitrer à la Commission du côté de la « stabilité financière »... Quand on dit que ça change, c'est vrai, mais on comprend aussi pourquoi ça ne change pas trop vite. De nouvelles têtes peut-être ?

2. Comme prévu et promis, les paradis fiscaux ont-ils disparu ?

NON !

3. Comme envisagée au Parlement européen, une taxe sur les transactions financières a-t-elle vu le jour ?

NON !

Oui, ces deux derniers points sont assez navrants, d'autant plus que c'est la France qui a saboté ce projet européen de taxe, pour protéger les banques françaises. Il paraît qu'on est les meilleurs du monde en produits dérivés, vous savez, le règne de l'impalpable, le magma : entre 15 et 20 % des transactions sur ces produits sont réalisées par des banques françaises.

On ne va pas non plus jeter le bébé avec l'eau du bain. Cette idée n'est pas encore aux oubliettes, elle pourrait même rapporter lourd et donc directement ou indirectement alléger notre dette…

Un jour, vous verrez, on y viendra, les banquiers ne sont pas encore prêts, donc autant continuer à les y préparer quand même. Après tout, cette taxe, c'est l'idée d'un copain à eux, Tobin, un libéral, qui avait inventé ça pour réguler le marché financier. Alors régulons et encaissons.

Vous voulez du changement ? Vous avez la Grèce.

Du côté de la mer Égée, les dieux se sont mis en colère.

Malgré une campagne de peur menée par

l'UE, Jean-Claude Juncker, président de la Commission européenne, le FMI et la chancelière allemande sur les dangers d'une éventuelle victoire de Syriza (parti de la gauche radicale), le peuple grec n'a pas cédé.

Un retour aux sources en quelque sorte, la démocratie n'a-t-elle pas été inventée à Athènes ?

Les Grecs ont élu un nouveau gouvernement et ils aimeraient, suivant les principes de cette même démocratie, que ce soit ce gouvernement qui gouverne.

Cela paraît ridicule de le rappeler, et pourtant…

Depuis des années, les Grecs sont dirigés par une fine équipe répondant au petit nom délicat de Troïka.

Ce petit nom est utilisé pour désigner les démarches conjuguées de la Banque centrale européenne (BCE), du Fonds monétaire international (FMI) et de la Commission européenne.

Un seul programme, une seule idéologie dans le droit fil de ces angoissés de l'inflation et de la rigueur budgétaire : toujours plus au privé, toujours moins au public.

Un seul mot d'ordre : il faut que ces Grecs surendettés remboursent, l'heure reste aux sacrifices. Ils font partie de l'Union européenne, ils doivent en respecter les règles. Le résultat est catastrophique.

Lorsqu'on observe les conséquences humaines des coupes organisées depuis des années dans les services de santé et les services sociaux, au nom de la « réduction des dépenses publiques », on se croit dans un cauchemar éveillé. Depuis 2007, augmentation massive du taux de suicide et du taux de mortalité infantile, baisse de l'espérance de vie de trois ans en moyenne…

Une dette passée de 130 à 175 % du PIB.

Et hop !

Attention à l'angélisme qui opposerait les gentils Grecs aux méchants Européens : il ne s'agit pas de dédouaner les Grecs en général, et leurs représentants d'hier en particulier. Ceux qui viennent d'être remplacés resteront surtout dans les mémoires pour avoir organisé le dépeçage de la Grèce au profit de ceux qui avaient intérêt à racheter à prix bradés des îles, des ports, des plages, des voies ferrées, des aéroports…

La Grèce a devant elle d'immenses chantiers pour s'attaquer à la corruption, à l'évasion et à la fraude fiscales, à la gabegie des dépenses militaires : les plus riches ont été jusqu'ici mystérieusement exonérés d'impôt ou presque, telle l'Église orthodoxe, ou les armateurs milliardaires, sans que cela dérange la Troïka...

En attendant, les nouveaux arrivants fraîchement en place sont allés aussitôt sonner à la porte de Bruxelles pour annoncer en substance ce qu'ils avaient promis : « Stop, on va arrêter les conneries. »

Que n'avaient-ils pas fait là... L'Europe a donné quelques mois aux récalcitrants pour que tout rentre dans l'ordre : soit le gouvernement grec redevient docile, continue de payer ses dettes, de réduire ses dépenses publiques et de poursuivre les privatisations, soit les banques grecques ne seront bientôt plus approvisionnées du tout !

Compris, les Hellènes ?

Tout n'est pourtant pas perdu... D'abord parce que, de même que les lignes bougent du côté des idéologues de l'austérité, elles bougent aussi du côté de nos propres dettes. Un regard différent, une nouvelle approche, une autre façon de penser le problème... Et aussi parce qu'il y a plusieurs idées qui nous amènent un peu de neuf.

Par exemple celle-ci : il existe des dettes illégitimes.

C'est quoi ?

Ce sont les cas où l'on peut prouver qu'elles n'ont pas servi les intérêts de la population mais ont bénéficié à des minorités. Des cas où le débiteur (celui qui emprunte) est mal informé.

Où les taux d'intérêt sont abusifs.

Où on ne sait pas qui se cache derrière ceux qui ont prêté.

En toute objectivité, la Grèce répond à tous ces critères. Encore faut-il que ce concept de « dette illégitime » soit compris et accepté par les pouvoirs et par les peuples.

L'idée fait son bonhomme de chemin.

D'ailleurs, si l'on suit le long fleuve tranquille de l'histoire, on s'aperçoit qu'à de nombreux moments il y a eu annulation totale ou partielle de la dette.

Par exemple l'Allemagne (1953), la Pologne (1991), l'Irak (2003), l'Équateur (2008), l'Islande (2011), l'Irlande (2013). À chaque fois, on a arbitré avec une même évidence : quand la dette est trop lourde (175 % du PIB pour la Grèce !), il faut l'annuler ou la restructurer pour permettre un nouveau départ.

En conclusion, ça bouge !

Les règles européennes ne sont pas immuables. Comme on dit : « Il n'y a que les cons qui ne changent pas d'avis. »

Plutôt que de foncer dans le mur, il est préférable d'en faire le tour, ou d'y construire une porte.

Enfin, encore du neuf.

Il semblerait bien qu'il y ait du rififi pour les évadés fiscaux…

Ça commence à sentir le roussi pour ceux qui ont placé leur argent afin d'éviter d'être des contribuables comme les autres.

De notables avancées donc, et cela… grâce au gouvernement américain, qui a fait voter une loi très contraignante pour les banques : le FACTA.

Quésako ?

C'est un dispositif adopté par le Congrès en 2010 qui oblige les établissements financiers étrangers à révéler au fisc les comptes ouverts par les citoyens américains.

Depuis cette loi, si l'État américain leur demande, les banques doivent lui donner toutes les informations sur les comptes de ses ressortissants. Si les banques désobéissent, elles perdent le droit d'être une banque aux États-

Unis. Autant dire que pour les fraudeurs et les banques, ça change un peu l'ambiance…

Eh bien, figurez-vous que l'Europe commence, en version moins cow-boy, plus homéopathique, à s'y mettre. Les Européens ont commencé à exercer une pression sur les banques qui favorisent et accompagnent l'évasion fiscale pour les particuliers.

On y va mollo, faudrait pas mettre le feu au lac, mais quand même.

Par exemple, nos amis helvètes – car ce sont nos amis – ont signé un accord avec la France. Si notre pays demande des renseignements à la Suisse sur les comptes des citoyens français, celle-ci pourrait leur donner…

Ah, le conditionnel !

On y va tout doux, mais on y va quand même.

À ce propos, les évadés fiscaux rapatriés, ça pèse combien en argent ? Pour notre dette, c'est important.

Difficile d'être clair et précis avec l'opacité. Si l'on en croit plusieurs estimations, le montant de l'évasion fiscale mondiale avoisinerait 20 000 milliards d'euros.

Oui, quand même…

Rien qu'en Suisse, on parle d'une fraude de 180 milliards d'euros à propos de la récente affaire « Swissleaks »…

Cela concerne environ 100 000 personnes, dont 3 000 en France, cocorico !

En France, le manque à gagner dû à l'évasion fiscale chaque année est estimé entre 60 et 80 milliards, on pourrait faire deux ou trois choses avec ça. Depuis juin 2013 et l'invitation faite à ces délinquants de se dénoncer eux-mêmes en échange d'une certaine clémence de l'État français, 31 000 repentis fiscaux se sont fait connaître au fisc. Que sainte Clémence continue de ramener vers nous ces agneaux égarés.

Ils avaient placé leur blé pour, notamment, 80 % en Suisse, 7 % en Belgique et au Luxembourg.

En 2014, l'État français a récupéré 2 milliards, autant dire qu'il ne pèche pas par excès de zèle.

Pourquoi ?

Le problème, c'est qu'on manque de main-d'œuvre ! Seulement 3 000 dossiers avaient été traités en novembre 2014.

Allez, un effort ! Ou alors il faut que les fonctionnaires du ministère des Finances arrêtent de prendre des vacances. Embaucher une armée d'incorruptibles façon Eliot Ness pendant la Prohibition américaine.

En tous cas, une centaine de nouveaux cas de fraudeurs qui se dénoncent eux-mêmes se font connaître chaque jour. C'est dire s'il y a des marges de manœuvre.

À ce propos, « Swissleaks » n'est pas seul, il a un frère jumeau, « Luxleaks », et certainement quelques autres petites sœurs et frères cachés dont les banquiers n'ont pas encore reconnu la paternité…

« Luxleaks », ce sont 28 000 pages d'accords fiscaux démontrant l'organisation de l'exil fiscal de plus de 1 000 entreprises, dont Ikea, Apple, Pepsi, avec l'approbation de l'administration luxembourgeoise des impôts.

Là aussi, ça fait du chiffre.

Si on se pose la question de savoir où trouver de l'argent pour diminuer la dette, voilà une piste, comme dirait Eliot Ness.

Quand on vous dit que ça bouge au niveau des changements !

Un petit bémol tout de même, sans pour autant faire preuve de mauvais esprit, mais simplement en ouvrant les yeux. En regardant la photo des dirigeants européens, on se dit, comme l'entraîneur du FC La Garenne qui rencontre le FC Barcelone : c'est pas gagné.

Le président de la Commission s'appelle Jean-Claude Junker.

Là encore, son CV est tout à fait exemplaire. Avant d'être notre obligé et patron de la Commission, il a été chef du gouvernement luxembourgeois pendant presque vingt ans.

C'est dire s'il s'y connaît en paradis fiscal.

Jean-Claude Junker, qui a été Premier ministre du Luxembourg entre 1995 et 2013, a admis que le système d'évasion fiscale, mis en place au Grand-Duché et révélé par la presse, était contraire à la « justice fiscale » et aux « normes éthiques et morales ».

Cet homme est bien élevé, il a un vocabulaire châtié.

Fiscale, éthique et morale, voilà des mots qui ne vont pas bien ensemble. Mais il y a du progrès, c'est indéniable…

À ce propos, allons voir du côté des racines du problème.

Justement, cette dette publique, depuis quand s'est-elle inexorablement dirigée vers le haut ?

14

Quand la dette française joue les monte-en-l'air

Retour au commencement du début.

Pour comprendre le véritable top départ de la dette française et son avalanche de records toujours battus, il faut aller chercher du côté de la réglementation.

Suivez les historiens…

Tels des enquêteurs chevronnés ayant accumulé un nombre d'indices suffisant pour coincer les coupables, nous avons déjà démontré avec brio que l'accroissement monumental de la dette publique trouve son origine en 1973.

À cette période, il n'y a quasiment pas d'endettement. Sept ans plus tard, l'ardoise publique se situe autour de 240 milliards d'euros : pff, une broutille.

Aujourd'hui, comme nous l'avons vu, nous avons dépassé les 2 000 milliards.

Que s'est-il passé ?

Souvenez-vous, en 1973, la monnaie a été privatisée et nous avons commencé à l'acheter aux banques, qui, curieusement, ont adhéré tout de suite à cette idée qui faisait d'elles des rentières de l'État.

D'où l'expression pas « folle la guêpe », qui est devenue : « pas fou le banquier ».

Obligation de passer par une banque privée.

OK ?

Quels intérêts cela pouvait-il bien servir ?

Pas les nôtres en tant que citoyens, c'est sûr. Mais voilà une rente qui a permis à certains de gagner de très gros paquets de pognon.

Depuis cette époque, il y a une expression populaire qui déchiffre très bien la situation : « T'as vu Roger, ils ont encore socialisé les pertes et privatisé les bénéfices. »

C'est très précisément ce qui s'est passé au niveau de toute l'Europe, sous la protection mystérieuse de nos élus et non moins mystérieuse des médias dominants, et de la pensée du même nom.

Souvenez-vous, en 2005, les Français disent non au référendum sur la Constitution européenne, ont-ils raison ou tort, la question n'est pas là : ils ont choisi.

La majorité d'entre eux, n'étant pas des Anti-Européens viscéraux et forcenés, ont préféré dire non à ce traité constitutionnel qui garantissait la « concurrence libre et non faussée ».

Bref, ces Français ont dit : l'Europe d'accord, l'entreprise d'accord, mais pas comme ça. C'est l'Europe des dégâts, pas des débuts.

Ah, Europe ! Cette princesse phénicienne que Zeus enleva par subterfuge. Le dieu prit la forme d'un gros taureau tout blanc suscitant aussitôt chez la jeune fille l'envie curieuse et irrésistible de lui grimper dessus pour lui accrocher des fleurs aux cornes.

Ça commençait bien.

Qu'est devenu ce non ? En 2007, le traité de Lisbonne est signé par les 27 chefs d'État européens, y compris le nôtre, et le « non » se noie en « oui ». Le presque même traité que celui refusé par les Français, mais sans le terme « constitutionnel ». Il a changé de nom et s'appelle désormais traité de Lisbonne, tout court.

A voté !

Recollons à notre dette. Et laissons, pour l'instant, l'Europe de côté. L'oublier, on ne peut pas. Pourquoi l'État français, depuis des années, a-t-il laissé gonfler cette dette, telle une bulle de chewing-gum qui, comme tout le monde le sait, finit toujours par te péter au nez ?

Est-ce qu'on a vraiment dépensé plus que ce que l'on a gagné durant tout ce temps ?

Nous sommes au moins sûrs de quelques données : les banques privées ont des garanties, elles peuvent prêter aux États. Les États ont des interdits, ils n'ont pas le droit d'emprunter à la BCE.

Si on regarde les chiffres, sur lesquels tout le monde s'accordera, de droite à gauche et de gauche à droite, il apparaît comme le nez au milieu de la figure de Cyrano que les dépenses de l'État n'ont pas augmenté, mais que ce sont les recettes qui ont baissé. Nous qui pensions qu'on avait dépensé sans compter et que l'on s'était gavé pendant toutes ces années.

Alors quoi ?

La réponse est du côté des cadeaux, niches et évasions, le tout étant fiscal. Pour l'essentiel…

Pourquoi de telles évasions fiscales sont-elles possibles ? N'étions-nous pas, nous, les Européens, dans une recherche d'harmonie, d'échanges et de paix ?

L'économiste Thomas Coutrot résume bien le problème : « Nous sommes dans une curieuse construction européenne, nous avons une monnaie unique, avec nos partenaires de la zone euro, mais nous sommes en concurrence pour tout le reste. Nous avons une concurrence fiscale, une concurrence sociale, nous essayons chacun d'attirer les entreprises, d'attirer les capitaux, d'attirer les investisseurs en diminuant les impôts, en diminuant les cotisations… Et donc cette concurrence fiscale, dans le cadre du traité de Maastricht, finalement, réduit considérablement les marges de manœuvre des gouvernements et pousse très fortement à la réduction des cotisations sociales et des impôts. C'est pour ça que les gouvernements, qu'ils soient de droite ou de gauche, l'ont fait depuis quinze ans. »

Ensemble, mais chacun de son côté !

Imaginez une équipe de cyclistes qui n'a pas de stratégie collective. Chacun va vouloir gagner la course. Et pour ceux qui connaissent le vélo, tout le monde va perdre. Chaque coureur et toute l'équipe. L'Europe est en concurrence avec elle-même. Nous nageons dans la grande piscine de la contradiction.

Si on nageait ensemble ?

Qui dit non harmonie dit concurrence, et qui dit concurrence dit forcément… compétitivité.

Le gros mot est lâché. Le mot si souvent entendu et qui sert de la justification finale à tous les arguments. Il faut être compétitif, sinon c'est la mort. Avons-nous le choix ?

Si toutes les mesures dont nous venons de vous parler sont passées, c'est sûrement qu'elles portaient d'autres ambitions que de veiller à ce que les banquiers se garnissent les bourrelets, nos dirigeants ne sont pas fous à ce point-là.

À l'heure où nous sommes, tout est concurrence, tous sont en concurrence : Français, Chinois, Grecs, Indiens, Boliviens, cow-boys… Et pour faire le poids et boxer dans la même catégorie, il faut retrouver de la compétitivité en Europe.

Cette phrase-là, si vous ne l'avez pas entendue mille fois, vous ne l'avez pas entendue une fois, et dans ce cas-là, allez vite consulter un oto-rhino, vous avez un problème.

Et comment être compétitifs sinon en dopant ceux qui sont déjà bons et en éliminant les plus faibles de l'équipe ?

Le vélo, encore…

Compétitif devrait pouvoir se comprendre

comme « pouvoir être dignement dans la compétition ».

Là, c'est plutôt comment faire mieux que les Chinois ?

Pas facile, d'autant moins que tout le monde se rend compte que, même là-bas, cette compétitivité fait des ravages humains. Par exemple, en Chine, les enfants ne croient pas au Père Noël. Pourquoi ? Parce que ce sont eux qui le fabriquent.

Récapitulons : on nous vend de la compétitivité partout, à force de compétitivité partout les prix baissent partout, quand les prix baissent partout, c'est la déflation et quand c'est la déflation, c'est la guerre.

On passe de la compétitivité à l'affrontement.

Donc la compétitivité à tout prix, c'est la guerre. Si certains de nos politiques en redemandent, c'est soit parce qu'ils aiment la guerre, soit plus vraisemblablement parce qu'ils ne la vivent pas au quotidien.

Un stage dans une usine de textile à un euro par jour, voilà par quoi devrait commencer toute carrière politique. Ça calmerait les ardeurs de quelques compétiteurs…

Une petite parabole maintenant, sur le même sujet, pour ceux qui sont encore perplexes, et c'est leur droit. Une parabole animalière.

Imaginez qu'en Europe nous soyons tous dans la même cage. Il y a une poule, un renard, un tigre, un pigeon, un raton laveur et un gros morceau de steak au milieu.

Jean-Claude, qui surveille l'enclos, arrive et tire en l'air pour signifier le début d'une nouvelle manche : que le meilleur gagne !

Drôle d'Europe.

Celle de la compétitivité.

Revenons à la réalité. Avant d'arriver au pouvoir en Grèce en février 2015, le parti Syriza annonce que, s'il l'emporte, il compte bien renégocier la dette. Ni une ni deux, en autant de temps qu'un doigt met à faire clic sur la touche d'un ordinateur, 4 milliards d'euros quittent le pays pour des banques étrangères, y compris européennes.

Un gros morceau de steak vient de disparaître.

Que fait la Commission européenne ?

Elle affirme qu'elle cherche le steak. Elle va avoir du mal à le récupérer sans… harmonie fiscale.

Et pendant qu'on essaie de récupérer ce steak,

ceux qui n'ont plus grand-chose à bouffer ne mordront pas dedans avant un moment.

Moralité : retrouvons ce steak et faisons un bon gueuleton, dans la joie (celle de l'hymne européen) et l'harmonie.

Mais continuons de regarder le match, qui semble sans fin, entre compétitivité et fiscalité. L'une accuse l'autre et vice-versa. C'est l'amour vache.

Si l'on se penche sur ces cadeaux fiscaux qui devaient booster la compétitivité, sans bien connaître leurs effets côté compète, on peut quand même chercher à savoir combien ça nous a coûté ?

En France, par exemple, les décisions de cadeaux fiscaux ou de réductions d'impôts qui ont été prises depuis les dix dernières années représenteraient aujourd'hui pour l'État un manque à gagner de 100 milliards d'euros.

Et là, d'un coup, lecteurs, nous vous sentons sceptiques.

Vous avez tort de douter. Pour preuve, ce chiffre figure dans des rapports officiels.

Tenez, dans celui signé par le député Gilles Carrez, alors vice-président de la Commission des finances à l'Assemblée.

Cela fait des années et des années qu'on nous dit : on est endetté parce qu'on dépense trop. Et voici la preuve qu'on s'est surtout endettés parce que les recettes ont baissé.

Et une idée reçue qui tombe, une !

Poursuivons notre voyage en ballon avec notre dette qui monte. On vous prévient tout de suite, ce qui va suivre est accepté, ce sont des règles économiques. Il n'y a donc aucun parti pris qui tienne, ce sont des maths.

Écoutez le prof d'économie, silence dans les rangs, sortez vos calculettes.

Si on diminue les dépenses publiques de 50 milliards par exemple, par un effet mécanique, c'est-à-dire obligatoire, pas le choix, le PIB va baisser de 75 milliards.

C'est une tendance observée par les économistes, la règle est de multiplier par 1,5.

Mécanique ? Cela veut dire que si, par exemple, ceux qui bossent dans les services publics ne vont plus travailler, ça se répercute du côté de ceux qui utilisent les services publics.

– Tiens, je serais bien allée faire les soldes, merde y'a pas de bus. Bon, tant pis. Pas de bus.

Pas de bus, pas de jupe, c'est mécanique.

Vous multipliez ça par tous les exemples qui vont vous venir en tête et le mauvais tour est joué.

Ce qui veut dire qu'une baisse des dépenses publiques de 50 milliards ne signifie pas baisse de la dette de 50 milliards.

Si le PIB baisse, forcément les recettes de l'État aussi, c'est mécanique.

Donc, à ce rythme-là, on pourra sans doute atteindre les 3 % de déficit exigés par l'Europe, mais dans quel état… et surtout peut-être pas avant la fin de ce millénaire.

Pour aller plus vite et pour être plus clair, on pourrait, dans le désordre, supprimer le SMIC, précariser encore tous les précaires, couper les retraites, arrêter de subventionner le Secours populaire, laisser les hôpitaux pourrir, etc.

Et enfin, on arriverait sûrement à limiter rapidement la dette à 3 % du PIB !

Pour le moment, la France a un déficit d'un peu plus de 4 % du PIB.

Soit 4 % de 2 000 milliards d'euros.

Ce qui provoque mécaniquement une progression de la dette de 80 milliards par an.

Il y aurait bien là aussi une solution radicale.

Il faudrait qu'on arrête de bouffer et qu'on travaille gratuitement pendant un an.

Problème : comment travailler quand on n'a rien à bouffer ?

Il faudrait peut-être arrêter de culpabiliser et de croire qu'il n'y a qu'un seul chemin possible.

Tiens, commençons la thérapie…

15

La Sainte Trinité de la dette : peur, culpabilité, croyance

PEUR

Lundi : les bourses internationales sont en train de décrocher, moins 2,3 % sur la place de Tokyo, Londres, New York ; Paris : moins 3,4 % à la fermeture !

Mardi : la chute continue sur toutes les places internationales, moins 5, moins 10, moins 20 %. La croissance est à 0, la Grèce est au bord de la faillite, des usines ferment partout dans le monde, défaut de paiement aux États-Unis, les suicidés se ramassent à la pelle !

Mercredi : ça continue ! La zone euro va éclater, le dollar a disparu, le chômage explose, les magasins sont pris d'assaut, la ligne Maginot va être rétablie, la Chine va nous envahir, c'est la guerre !

Et le jeudi : ça va.

L'économie moderne, c'est un peu comme une catastrophe nucléaire, un enchaînement dramatique de situations stables. Et l'un de ses principaux moteurs est la peur.

Nous maintenir en état d'inquiétude perpétuelle, de scepticisme virant au pessimisme, c'est nous mettre en état d'acceptation et de soumission.

Comme disait Roosevelt : « La seule chose qu'il faut craindre, c'est la peur elle-même. »

C'est l'un des plus merveilleux ressorts de la bêtise. Le cerveau est paralysé, la réflexion dans le coma, l'analyse à l'agonie.

Un analyste économique du *New York Times* a écrit que la Bourse ne connaît que deux états : l'euphorie et la panique…

Rassurant.

On passe du boum au krach et du krach au boum ! De l'état d'angoisse, de dette, de panique, de signes avant-coureurs que tout va s'effondrer… aux signes avant-coureurs du contraire : ça repart, les signaux sont au vert, les courbes s'inversent…

Krach, boum, hue !

Ces changements d'états provoquent des ravages, ont des conséquences, mentales et physiques, mais les morts sont loins, et chez nous c'est plutôt anxiolytiques et antidépresseurs.

Si le contexte, la conjoncture, la dette ou le CAC 40 vous filent des boutons ou vous collent des bouffées d'angoisse, nous vous avons concocté une petite chanson.

Dès que vous sentez poindre en vous la terreur du présent ou la peur de l'avenir, fredonnez-la. C'est un bon remède et ça ne nuira pas au trou de la Sécu.

Sur l'air des *Play-boys* de Jacques Dutronc : 3, 4...

« Moi j'ai un piège à con
Un piège en or
Un joujou extra
Qui fait krach boum hue !
Les peuples en tombent à mes genoux.
Krach boum hue !
Krach boum hue ! »

Vous pouvez ensuite ajouter des couplets et agrémenter cette chanson exutoire avec votre propre expérience et votre situation personnelle.

Plus ça va mal, plus vous chanterez fort.

Naomi Klein a bien expliqué l'usage des stratégies du choc. Il y a grand intérêt à utiliser les crises, et la crise financière en particulier, pour faire craindre aux gens qu'ils pourraient encore perdre plus. On préfère baisser son salaire plutôt que de perdre son travail, travailler le dimanche plutôt que de ne pas travailler du tout, faire des heures supplémentaires payées comme des heures normales au lieu de se retrouver avec des allocations chômage, qui, elles-mêmes, vont baisser à cause de la situation qui fait que…

La peur est humaine, c'est pour ça que ça marche. L'utiliser à son profit, c'est inhumain, c'est pour ça que ça marche de moins en moins.

CULPABILITÉ

Et maintenant, nous allons vous demander quelque chose d'encore plus difficile que d'arrêter d'avoir peur : cesser de culpabiliser.

Quand la peur ne suffit pas à vous rendre docile, quelle belle arme que la culpabilité !

Tout ça, c'est notre faute, nous sommes responsables.

En allemand, dette se traduit par *Schuld*, qui veut aussi dire « coupable ».

« Je suis endetté, je suis coupable. » « Mon pays est endetté, je suis un des coupables. »

Je dois donc expier mes péchés, rattraper ma

faute, accepter de payer pour mes erreurs. Un couplet que l'on entend régulièrement.

Pour chasser ce sentiment de culpabilité, nous vous proposons un exercice très simple.

Il peut être effectué seul ou à plusieurs.

Prévoyez un endroit discret si possible.

Commencez la séance par deux ou trois coups de fouet sur votre dos en clamant :

« C'est ma faute ! *Mea culpa* ! *Mea maxima culpa* ! Je porte le poids de la dette ! Je suis devant le mur de la dette et c'est moi qui l'ai construit ! Je suis coupable ! Mes enfants vont souffrir à cause de moi ! Je me suis gavé et eux vont mourir de faim ! Ils porteront le fardeau de la dette ! »

Puis recommencez en ajoutant des formules de votre cru, mais cette fois-ci en vous fouettant en permanence et un peu plus fort.

Renouvelez trois ou quatre fois selon l'état de votre dos.

Répétez l'expérience plusieurs jours de suite. Au bout de quelque temps (une à deux semaines, suivant l'état de votre fouet), et sauf si vous y prenez du plaisir, vous pouvez commencer à arrêter.

Dans le cas où ce serait le plaisir qui prendrait le dessus, nous vous invitons à aller voir des professionnels, il y a également des kits menottes et cuir pas chers du tout sur Internet ou même en soldes.

Ou bien consultez un psy pour analyser votre rapport avec la dette et commencez à vous en débarrasser par l'hypnose.

Attention, c'est vraisemblablement une forme d'hypnose qui est aussi la raison principale de votre culpabilité.

Comme chacun sait, il est parfois possible de soigner le mal par le mal.

CROYANCE

Nous ne pouvions pas pérorer sur la dette sans évoquer la croyance.

Vous aussi faites-en l'expérience chez vous ; prenez une Bible et remplacez « Dieu » par « Marché ». Vous verrez, ça marche.

Nous nageons dans le biblique, il faut bien l'admettre.

La foi en Dieu, c'est la confiance dans le marché.

La doctrine de l'Église, c'est la productivité.

L'hérésie, ne pas tenir ces fameux 3 % du PIB de déficit annuel, à ne surtout pas dépasser.

L'enfer, ne pas payer la dette…

Vous pouvez compléter la liste et prier à votre tour.

Poussons encore plus loin le bouchon de la croyance dans la bouteille de la foi.

L'économiste Paul Krugman a comparé les programmes d'austérité aux sacrifices humains chez les Mayas. De la même façon que les sacrifices humains n'ont jamais fait revenir le soleil, les programmes d'austérité aggravent la situation au lieu de résoudre les problèmes.

Nous sommes tous des Mayas modernes.

Tout cela est absurde ?

Pourtant, une simple dette peut nous faire revenir en arrière et nous obliger à respecter à notre corps défendant des coutumes d'un autre temps. Sacrifier des vierges ou des emplois, c'est juste une question d'époque.

Des absurdités, des aberrations ou tout simplement des conneries, les crises et les dettes en ont à revendre.

Jetez donc un œil sur la suite…

16

De l'art de divaguer sur la dette et autres absurdités

> « Je suis à la tête d'un État qui est en situation de faillite sur le plan financier…
> Je suis à la tête d'un État qui est depuis quinze ans en déficit chronique. »
>
> FRANÇOIS FILLON,
> Premier ministre, 2007

Nous sommes donc en faillite depuis des années !

On en aura quand même entendu des conneries…

Et formulées par des sommités insoupçonnables, des spécialistes en spécialisation, des experts en expertises au-dessus de tout soupçon, mais en dessous de tout.

La liste est trop longue pour vous la livrer dans ce livre, il faudrait un Bottin.

Si cela vous amuse, tapez par exemple « l'euro ne passera pas l'hiver » sur un moteur de recherche, vous verrez combien ce pronostic est réitéré de façon définitive, comme une évidence, depuis des années.

Combien de fois nous a-t-on annoncé la fin du monde !

En 2012, elle était même précisément datée. L'avantage avec ces fins du monde, c'est qu'à chaque fois il y a plein de survivants.

En fait, rumeurs et prévisions économiques procèdent sur le même mode. En s'attendant au pire, on est rassuré par le médiocre, en se préparant à la mort, même un jour de sursis est une bonne nouvelle.

Au fond, on ne nous pourrit pas la vie méchamment, c'est pour notre bien.

Bon, ce n'est pas un scoop, parmi tous les pronostics, il y en a toujours beaucoup qui tombent tout à fait à côté de la plaque, du déchet comme on dit.

Et après tout, chacun a le droit de faire des plans sur la comète, et même de se tromper.

En parlant comète, nous avons été totalement sidérés par l'exploit de la mission Rosetta. Vous resituez l'exploit ? Dix ans de vol dans l'espace, plus de 6 milliards de kilomètres, et hop, ils réussissent à faire atterrir un module minuscule sur une comète de quelques kilomètres de large ! Ce qui prouve quand même que, quand les humains se donnent les moyens d'être précis, ils peuvent faire des trucs à mi-chemin entre le fabuleux et l'incroyable.

En revanche, quand Jacques Attali nous prédit que l'euro ne survivra pas à l'hiver en 2013, on est dans des évaluations un peu moins précises.

Il est vrai qu'Attali ne travaille pas pour la NASA…

Tant mieux pour le sidéral.

N'oubliez jamais que des idées préconçues au démarrage peuvent aboutir à des objectifs grotesques à l'arrivée.

Vous voulez des exemples ?

Nous en avons choisi quelques-uns.

En piste…

« LES 3 % »

Prenons un des plus prestigieux exemples de croyance devenue dogme : les mythiques 3 % !

Ces fameux 3 % du PIB de déficit annuel à ne pas dépasser sous peine d'enfer et de damnation promis par l'Union européenne.

Ce qui veut dire que nous vivons déjà tous en enfer puisque ces 3 % n'ont pas été tenus depuis des années et qu'en 2015 les prévisions sont encore au-dessus de 4 %…

Pourquoi 3 % ?! Ces 3 % qui donnent dorénavant le *la* à toutes les décisions politiques. Donc qui influent directement sur le budget, sur toutes les décisions, donc sur notre vie quotidienne.

Ce chiffre a été pondu par un fonctionnaire du ministère des Finances, un certain Guy Abeille, qui l'a « inventé » (ce sont ses mots) un soir de juin 1981…

À l'origine, c'est le président François Mitterrand qui avait convoqué une équipe du ministère des Finances pour lui dire en substance : « Trouvez-moi un truc pour que les ministres arrêtent de me demander de l'argent tout le temps. ».

Eh bien le fameux Guy, en une heure, un soir d'été, sur un coin de table, en sirotant un verre de vin, a pondu le 3.

On lui a demandé par la suite :

– Est-ce que c'est basé sur une théorie économique ?

– Non.

– Mais pourquoi 3 ?

– Parce que ça m'a rappelé la Trinité.

Amen !

La trouvaille sur un coin de table à l'apéro a fait son chemin. Elle est devenue une bonne idée, mieux, un dogme. Une offrande au marché pour le rassurer. Si nous ne dépassons pas ces 3 %, les portes des paradis nous sont ouvertes.

Alleluïa !

Personne ne se demande plus pourquoi. Si le fameux Guy avait dit 5 par exemple, comme les doigts de la main qui tenait son verre de blanc ou de rosé (on n'a jamais su), aujourd'hui nous pourrions certainement affirmer en chœur que la crise est encore loin, qu'on n'a pas à s'en faire et que nous disposons même de marges pour nous endetter un peu plus et pourquoi pas, soyons fous, investir !

3 ou 5, c'est une affaire de dosage, mais la bonne mesure n'est pas donnée à tout le monde.

L'équilibre non plus.

Les dégâts oui, la preuve, on les paye.

Encore un exemple qui doit nous inciter à vérifier les données qu'on nous envoie, surtout si elles concernent la politique et l'économie et qu'elles sont présentées dans un écrin scientifique.

LA THÉORIE DE ROGOFF ET REINHART.

Du lourd !

Ces deux économistes *king size* avaient publié une étude établissant un lien « incontestable » entre dette et récession : Kenneth Rogoff et Carmen Reinhart avaient établi que, si la dette dépassait 90 % du PIB, l'économie d'un pays entrait mécaniquement en récession, bref, que c'était foutu pour lui.

À l'époque, tout le monde avait pris la chose très au sérieux et les thèses en faveur de l'austérité s'étaient trouvées confortées.

Et c'est un petit étudiant de rien du tout qui s'est aperçu que le programme informatique que Rogoff et Reinhart avaient utilisé pour aboutir à ce chiffre était foireux, du coup leur théorie aussi.

À l'époque, beaucoup d'économistes avaient été très émus. Se peut-il que nos meilleurs guides, nos maîtres, nous indiquent le nord du doigt, avec passion, sans réaliser qu'ils montrent exactement le sud ?

Art divinatoire et économie ont manifestement un certain nombre de points communs.

Déjà, ils sont tous deux parascientifiques.

Quand on répète pendant toute une vie que quelqu'un va mourir, on finit tôt ou tard par avoir raison. L'astrologue qui prédit que, côté cœur, pour vous, c'est le moment d'y croire, ne prend pas un risque démesuré.

Ceux qui certifient que l'économie va bien ou mal, qu'après le krach il y a le beau temps, qu'ils se soient trompés ou pas, n'ont pas beaucoup de sanctions à attendre en retour, sauf peut-être qu'un jour on soit un peu fâché d'avoir été pris pour des truffes.

Allez, un petit dernier pour la route.

LES STRESS TESTS.

Du léger.

Les premiers ont été rendus publics lors du joli mois de mai 2009 : à l'époque de la cueillette du muguet et des jupes des filles qui font bourgeonner les arbres, nous avons découvert, ébahis, que les banques américaines avaient subi ce que l'on appelle un STRESS TEST.

Depuis, la pratique a gagné notre belle Europe. De quoi s'agit-il ?

Une simulation de crise économique (avec récession, chômage, éclatement de la bulle immobilière, crise financière, krach boursier… bref, l'avenir !), suivant un protocole très rigoureux, afin de distinguer les banques qui s'effondreraient de celles qui ont les reins solides.

Là encore, il s'agit de certifier quelque chose.

Un peu comme on vérifie la solidité de la coque d'un bateau. Ou la solidité d'une voiture quand on installe des pantins dans la bagnole.

Difficile de tirer des conséquences, même après plusieurs essais, quand le certificateur vous assure que le pantin va bien.

Surtout pour les stress tests où, visiblement, les pantins c'est nous.

La preuve par l'exemple.

La banque Dexia, en quasi-faillite en 2011, sauvée par nous à grands frais, avait passé tous les tests haut la main quelques mois plus tôt.

En juillet 2010, 84 des 91 banques européennes ont réussi le stress test concocté par Bruxelles. Alors que, deux ans plus tôt, il avait fallu des centaines de milliards d'euros pour sauver les mêmes du bouillon.

Que faut-il en déduire ?

Qu'en cas d'avis de tempête financière nos banquiers ont les nerfs solides, qu'ils ne paniqueront pas ou presque, que tout est géré par des gens sérieux.

Pardonnez-nous de rester rigoureusement sceptiques quant à la légitimité de tels « tests » dont personne ne sait par qui ni pourquoi ils sont organisés, sinon pour mettre en scène que, justement, « c'est du sérieux ».

Mais nous pouvons maintenant vous donner la véritable définition d'un stress test : c'est une simulation menée à partir d'un protocole rigoureux et destinée à estimer combien d'argent une banque pourrait encore gagner si elle commençait à en perdre.

Pour relayer toutes ces aberrations, ces croyances, cette culpabilité et cette peur, nos politiques, économistes, experts et autres spécialistes usent et abusent des médias.

Que n'a-t-on pas entendu sur les 2 000 milliards de la dette française ! On ne comprend d'ailleurs pas comment les gens osent encore sortir dans la rue, vu les profondeurs où le pays se trouve.

Ambiance générale ? « Le mur de la dette », « La dette sans fin », « L'abîme de la dette », « Le gouffre de la dette », « L'Himalaya de la dette »…

Tiens, les deux derniers ne sont pas d'accord. Pour l'un, c'est un trou, pour l'autre une montagne. Question de point de vue…

Mais c'est toujours parfaitement effrayant.

Cela donne plus envie de se pendre que de comprendre.

Pourquoi cette ambiance anxiogène permanente ?

Pourquoi avons-nous toujours cette impression que tout est compliqué à souhait ?

À leur décharge, les économistes ont à leur disposition un vocabulaire pas piqué des hannetons.

Quand on entend, par exemple, « il faut recapitaliser », cela provoque tout de suite un effet répulsif.

Alors que « recapitaliser », c'est tout bonnement transformer de l'argent virtuel en argent réel. Donc, « recapitaliser une banque », c'est lui refiler du palpable pour boucher le trou qu'elle a fait avec de l'impalpable. Par exemple filer de l'argent public pour boucher le trou que la banque a creusé en jouant au casino financier.

Cela va sûrement faire bondir quelques économistes purs et durs, qui vont nous rétorquer que ce n'est pas si simple que ça…

Eh bien si, ça l'est !

Un autre exemple ?

Cette crise est « systémique ». Ça veut juste

dire qu'elle est systématique. « Systémique », c'est systématique mais en plus brillant, après avoir enlevé le mat.

L'entreprise Duchemolle, si elle veut survivre, a rendu public un plan ambitieux d'optimisation opérationnelle. Traduction : « Elle va procéder à des licenciements. »

Si vous entendez : « À cause du côté systémique de la crise, l'entreprise Duchemolle, après avoir tenté une recapitalisation, s'est lancée dans une optimisation opérationnelle », mettez le décodeur en route et comprenez : « La crise n'en finit plus, alors l'entreprise Duchemolle, après avoir encaissé du pognon de l'État, a décidé de licencier. »

Alors, mesdames et messieurs les experts, économiques et médiatiques, aidez-nous !

Nous approchons du terme de notre voyage au pays de la dette.

Prenons un grand bol d'air salubre en constatant que rien n'est jamais sûr, surtout les convictions.

Une conviction sans confrontation, c'est une démocratie sans suffrage. Et ça, ce n'est pas une conviction, c'est une certitude.

CONCLUSION

L'ennemi fait partie de la solution, les économistes aussi

> « À l'économiste inconnu, mort pour la guerre économique, qui toute sa vie expliqua magnifiquement le lendemain pourquoi il s'était trompé la veille, à tous ceux, bien vivants, qui savourent le mot "gratuité". »
>
> BERNARD MARIS
> (alias Oncle Bernard)

Nul n'est parfait. Si nous étions parfaits, nous serions des robots, et si nous étions des robots, nous serions morts. Quelle vie !

Nous n'avons pas fait ce livre pour vous imposer LA solution. Et, sincèrement, nous ne sommes pas armés pour prescrire, « légitimes », comme on dit dans les milieux spécialisés.

Nous vous avons fait part de ce que nous avions compris, en essayant de rester le plus objectif possible, mais pas tout le temps.

Non pas pour jouer aux plus malins, mais parce que nous en avions besoin. D'abord pour nous sentir moins bêtes sur un sujet de la plus haute importance puisqu'il régule notre vie. Et bizarrement, plus nous avancions dans notre enquête, plus nous y prenions du plaisir.

Nous avons jubilé de la dette.

Que c'est bon quand le flou devient clarté, que les questions deviennent réponses, que le gazouillis des oiseaux nous rappelle le printemps à la Toussaint…

Tout ce que nous voulons faire, c'est dessiner différentes pistes face à la dette.

Au choix et dans le désordre… L'austérité, l'inflation, la répudiation (on ne paye pas, ou pas tout), ou l'impôt sur le capital.

À vous de voir.

Vous pouvez aussi faire un mélange, un saupoudrage de chaque, aller voir en détail en quoi ça consiste et éventuellement changer d'avis…

Y a-t-il une solution miracle ?

Un mélange de relance et de rigueur, la « relangueur », chère à nos amis socialistes ? Ou la « rilance », pronée sans rire par la patronne du FMI ? Question de style. Plus d'État et de contrôle ? Plus de marché et de libéralisme ?

La solution pourrait-elle venir des banquiers ? Comme disait Frédéric Lordon : « Demander aux banquiers de faire un effort d'imagination pour régler le problème de la dette, c'est demander à une dinde d'inventer le tournebroche. »

Et si on s'endettait de 1 000 milliards de plus ?

Pourquoi pas ?

Mais pour faire quoi ?

Est-ce que notre plus gros problème, aujourd'hui, est vraiment de savoir bien économiser ? Ne serait-il pas, au contraire, d'apprendre à savoir mieux dépenser ?

Serait-on atteint de maldépense, après la malbouffe ?

Dans tous les cas, il faut se décomplexer de la dette.

La compréhension de l'économie par la population est un des grands enjeux de notre époque.

Rien ne se fera sans nous.

Une chose est sûre, il faut sortir du cercle.

Un élémentaire « bon sens » voudrait qu'on sache combien on doit et à qui. Obtenir un audit de cette dette par l'État serait donc une sorte de minimum syndical citoyen pour une juste appréciation du sujet : ce serait une sorte de visite médicale complète avec toutes les analyses nécessaires, un scan, des radios, pour établir un diagnostic consistant et trouver le bon traitement.

Une voie pour sortir d'un cercle infernal de pensée qui fait tourner notre réflexion en rond ?

Rêver !

Mais comment rêver sa vie quand on est pris dans la dictature de l'instant ? L'angoisse crée le pessimisme qui engendre le défaitisme, qui lui-même fabrique de la résignation pour finir par une tétanie de la pensée, autrement dit le niveau zéro de la réflexion.

Alors prenons de la hauteur, du recul, respirons, pensons, jouissons !

On vous propose, avant de finir, de cocher une des cases suivantes, et de la renvoyer à l'éditeur afin qu'on ait un retour concret :

☐ – Je trouve la solution de l'austérité formidable.

☐ – J'ai une nette préférence pour la répudiation.

☐ – Taxer le capital correspond bien à mes envies de base.

☐ – J'ai toujours rien compris, alors je m'en fous.

☐ – J'ai compris, la solution, c'est de sauter du 8e...

☐ – Encore un complot ourdi par les Juifs et les islamistes.

☐ – Non, en fait, on s'est gourés, c'est un truc de cathos et de communistes.

☐ – Vive l'anarcho-syndicalisme !

☐ – On va y arriver…

☐ – Toi-même !

Table des matières

Introduction 11

1. Sommes-nous en CRISE ?
   Et qu'est-ce qu'une crise ?............ 15
2. Mais qu'est-ce qu'une dette ?.......... 27
3. Sur la trace des premières dettes....... 33
4. La monnaie par le menu 39
5. Le voyage étonnant d'un billet de 50 euros 53
6. Dette publique, dettes privées 57
7. Qu'est-ce qu'on va laisser à nos enfants ? 71
8. Les intérêts de la dette
   et les dégâts qui vont avec 83
9. À qui doit-on cet argent ? 89
10. Emprunt d'État, un jeu d'enfant 99
11. Banque centrale européenne :
    les tables de la loi 109
12. Y a-t-il du nouveau
    sous le soleil exactement ?............ 121
14. Quand la dette française
    joue les monte-en-l'air 139

15. La Sainte Trinité de la dette :
peur, culpabilité, croyance 151
16. De l'art de divaguer sur la dette
et autres absurdités 159

Conclusion. L'ennemi fait partie de la solution,
les économistes aussi 171

RÉALISATION : NORD COMPO À VILLENEUVE-D'ASCQ
NORMANDIE ROTO IMPRESSION S.A.S À LONRAI
DÉPÔT LÉGAL : MAI 2015 N° 123726-2 (1502203)
IMPRIMÉ EN FRANCE